Tutorización de acciones formativas para el empleo

Impartición y tutorización de acciones formativas para el empleo

Certificados de profesionalidad

RE/DOCEM/DG/10-41

 *Anagrama «LUCHA CONTRA LA PIRATERÍA», propiedad de Unión Internacional de Escritores.*

CONSEJO DE REDACCIÓN

Mario López Guerrero
Hilit Sister Plotnicki

MAQUETACIÓN

Beatriz Mateos Caballero

ILUSTRACIÓN DE CUBIERTA

Ignacio Velasco Marugán

© Centro de Estudios Adams   **www.adams.es**

I.S.B.N.: 978-84-1077-184-0
Depósito legal: M-24136-2024
Editado en octubre de 2024
Imprime: Centro de Estudios Adams. Ediciones Valbuena, S.A.
Impreso en España. Printed in Spain

Presentación

Comprometidos por ofrecer una propuesta formativa ajustada a las necesidades de la sociedad y del mercado de trabajo, ADAMS Formación presenta este curso de **Tutorización de acciones formativas para el empleo (perteneciente al Módulo Formativo 1444_3 Impartición y tutorización de acciones formativas para el empleo),** desarrollado conforme a los nuevos **Certificados de Profesionalidad** y, por tanto, vinculado al **Catálogo Nacional de Cualificaciones**. De esta manera, es posible obtener la acreditación oficial, con validez en todo el territorio nacional, de estar en posesión de las aptitudes y conocimientos que permiten un óptimo desempeño profesional, una vez superadas las pruebas establecidas al efecto.

Esta **Unidad Formativa**, con una duración asociada de 30 horas, forma parte del **Certificado de Profesionalidad de Habilitación para la Docencia en grados A, B y C del Sistema de Formación Profesional** (aprobado por el Real Decreto 659/2023, de 18 de julio), perteneciente a la familia de Servicios socioculturales y a la Comunidad.

En la elaboración de los contenidos hemos pretendido garantizar la **adquisición, mejora y actualización de las competencias profesionales** requeridas en el mercado laboral, así como fomentar el **aprendizaje**.

Para conseguir tal objetivo, cada unidad didáctica presenta la siguiente estructura:

UNIDAD DIDÁCTICA 1

Características de las acciones tutoriales en formación profesional para el empleo

Título

Según el programa oficial publicado en el BOE.

Objetivos

Al comienzo de la unidad didáctica, identifican las capacidades que podrás adquirir.

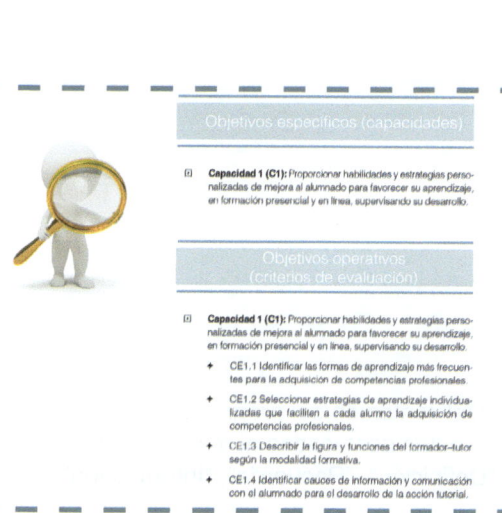

Objetivos específicos (capacidades)

☐ **Capacidad 1 (C1):** Proporcionar habilidades y estrategias personalizadas de mejora al alumnado para favorecer su aprendizaje, en formación presencial y en línea, supervisando su desarrollo.

Objetivos operativos (criterios de evaluación)

☐ **Capacidad 1 (C1):** Proporcionar habilidades y estrategias personalizadas de mejora al alumnado para favorecer su aprendizaje, en formación presencial y en línea, supervisando su desarrollo.

✦ CE1.1 Identificar las formas de aprendizaje más frecuentes para la adquisición de competencias profesionales.

✦ CE1.2 Seleccionar estrategias de aprendizaje individualizadas que faciliten a cada alumno la adquisición de competencias profesionales.

✦ CE1.3 Describir la figura y funciones del formador-tutor según la modalidad formativa.

✦ CE1.4 Identificar cauces de información y comunicación con el alumnado para el desarrollo de la acción tutorial.

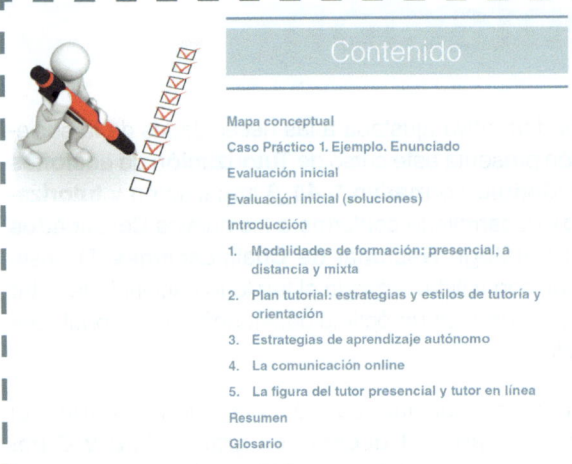

Contenido

Índice de contenidos

Proporciona una visión general del contenido, enumerando todos los aspectos que se desarrollan en la unidad didáctica.

Exposición y desarrollo

Del contenido del programa oficial, con notas destacadas al margen, como "Definición", "Recuerda", "Información"…

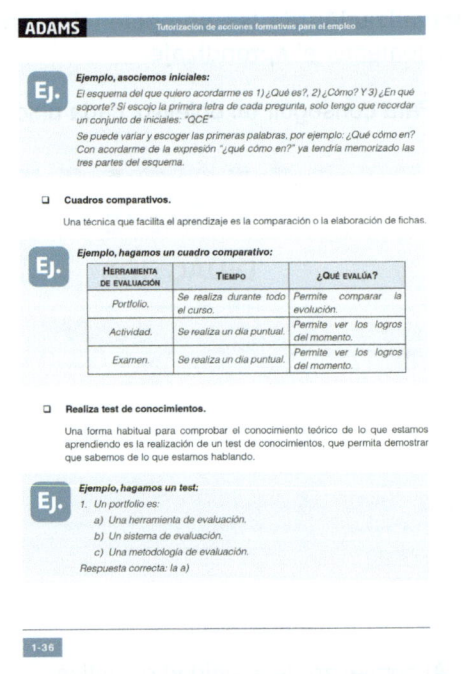

Ejemplos y Actividades

Interrelacionados con los contenidos estudiados y que aportan una visión práctica de la materia.

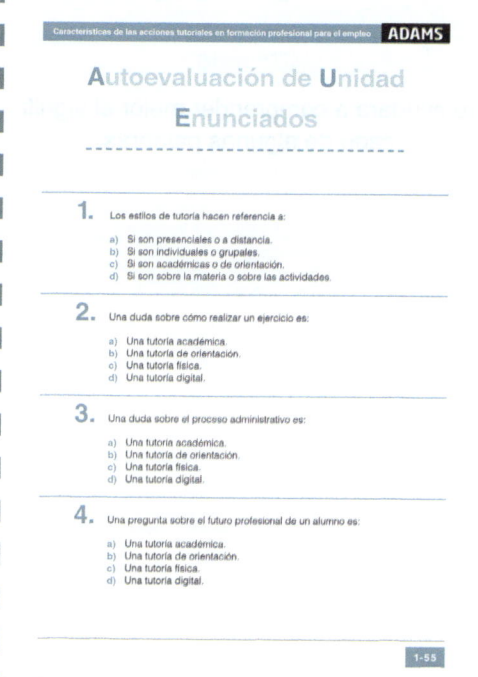

Autoevaluaciones

Te ayudarán a comprobar el grado de asimilación de la materia estudiada, en base a las competencias a adquirir y sus criterios de realización.

Supuestos Prácticos

Aportan la aplicación de los conocimientos y del saber hacer en un contexto real de trabajo.

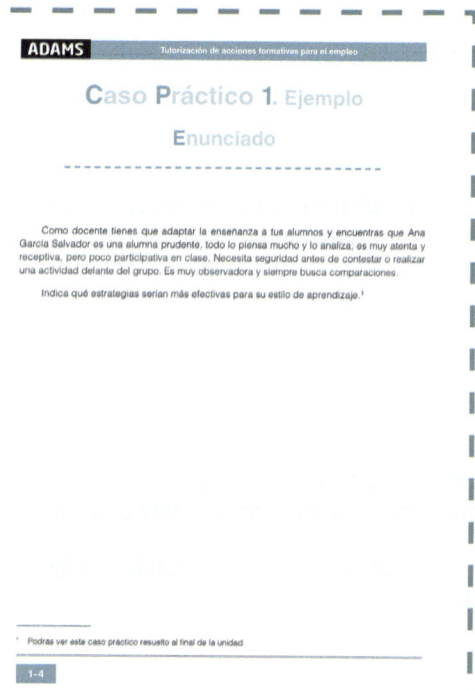

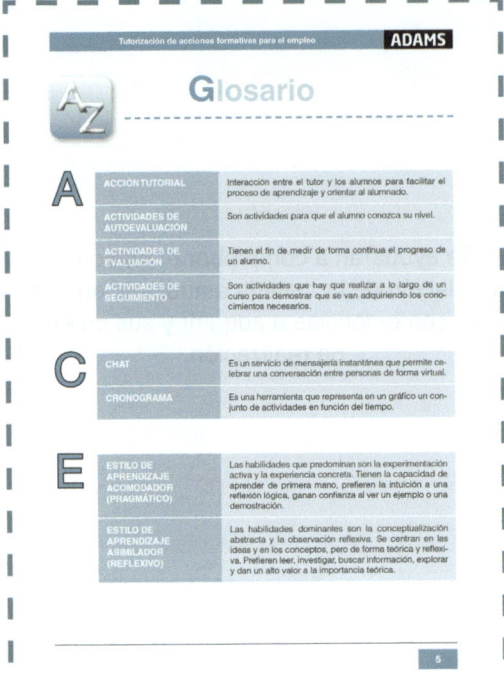

Glosario

Te ayudará a comprender mejor el significado de algunas palabras.

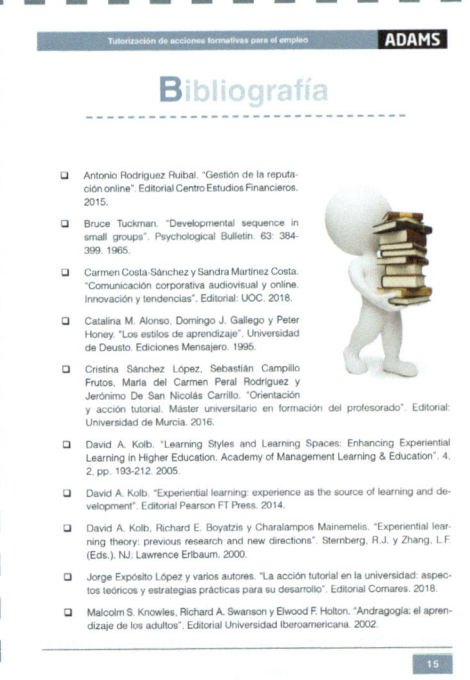

Bibliografía y Webgrafía

Para ampliar tus conocimientos en caso de considerarlo necesario.

En nuestra página web **www.adams.es** estarás al día de todo en cuanto a información sobre cursos, productos y servicios se refiere, además tendrás la opción de dirigirnos cualquier consulta o sugerencia a través de **adams@adams.es**

Esperando haber cumplido el objetivo propuesto, te expresamos nuestros mejores deseos de éxito.

ADAMS

Índice

Familia profesional: **Servicios socioculturales y a la Comunidad**

Área profesional: **Formación y educación**

FICHA DE CERTIFICADO DE PROFESIONALIDAD: HABILITACION PARA LA DOCENCIA EN GRADOS A,B Y C DEL SISTEMA DE FORMACION PROFESIONAL (SSCE0110)

H. Q	Modulos certificado	H. CP	Correspondencia con el Catálogo Modular de Formacion Profesional	Horas
			Unidades formativas	
60	MF1442_3: Programación didactica de acciones formativas para el empleo.	60		60
90	MF1443_3: Selección, elaboración, adaptación y utilización de materiales, medios y recursos didacticos en formación profesional para el empleo	90		90
120	MF1444_3: Impartición y tutorización de acciones formativas para el empleo	100	UF1645: Impartición de acciones formativas para el empleo	70
			UF1646: Tutorización de acciones formativas para el empleo	30
60	MF1445_3: Evaluación del proceso de enseñanza-aprendizaje en formación profesional para el empleo	60		60
30	MF1446_3: Orientación laboral y promoción de la calidad en la formación profesional para el empleo	30		30
	MP0353: Módulo de practicas profesionales no laborales	40		
360	Duracion horas totales certificado de profesionalidad	380	Duracion horas modulos formativos	340

Iconos

Actividad

Contenido extra

Definición

Ejemplo

Enlace web

Importante

Información

Lectura recomendada

Legislación

Listening

Nota

Objetivos logrados

Recuerda

Reflexiona

Vocabulario

¿Cómo utilizar este manual?

Te damos la bienvenida a este manual sobre la tutorización de acciones formativas para el empleo, que es la segunda unidad formativa del tercer módulo del certificado de profesionalidad de Habilitación para la Docencia en grados A, B y C del Sistema de Formación Profesional. En él encontrarás diferentes secciones:

❑ **Introducción al certificado de profesionalidad.** Una presentación básica de cuál es el contenido de este certificado y para qué sirve.

❑ **MF1444. Impartición y tutorización de acciones formativas para el empleo. UF1646: Tutorización de acciones formativas para el empleo.**

❑ **Punto de partida.** Es un tema introductorio que sirve de base para entender los contenidos que vamos a estudiar en esta unidad formativa.

❑ **Unidad 1. Características de las acciones tutoriales en formación profesional para el empleo.** Es necesario conocer el concepto de tutorización e individualización del aprendizaje para desarrollar las funciones del tutor y definir un plan tutorial que contemple estrategias para el aprendizaje autónomo y el uso de herramientas de comunicación.

❑ **Unidad 2. Desarrollo de la acción tutorial.** La acción tutorial en presencia se caracteriza por ser proactiva, no solo sirve dar respuesta a los alumnos, sino que hay que entender la tutorización como un proceso de seguimiento y apoyo al alumno.

❑ **Unidad 3. Desarrollo de la acción tutorial en línea.** En la formación online es donde más se ha desarrollado la acción tutorial como vía para motivar, resolver dudas y hacer seguimiento de los alumnos.

Verás que cada unidad contempla los siguientes recursos:

❑ **Objetivos.** En donde se indica qué se pretende conseguir con cada unidad.

❑ **Mapa conceptual.** En donde se indica mediante un esquema cuál es la relación entre los contenidos.

❑ **Caso práctico.** Exposición de una determinada práctica que deberíamos saber resolver en el mundo laboral de la docencia.

❑ **Evaluación inicial.** No te asustes por el término "evaluación". Cuando evaluamos queremos valorar cuál es la situación de los conocimientos de una persona. En la evaluación inicial no estamos dando una nota final ni concediendo un certificado, sino solo valorando la situación previa al estudio de cada unidad didáctica de la UF1646: Tutorización de acciones formativas para el empleo. Es decir, partir de cuánto sabemos sobre los contenidos que vamos a ver a lo largo de la unidad. El objetivo es que puedas comprobar qué sabes y qué no sobre cada unidad. Así que este cuestionario lo realizarás antes de iniciar la unidad y realizarás otro al final, para ver lo que has aprendido.

❑ **Introducción.** Un resumen de los principales contenidos que vamos a estudiar en cada unidad.

❑ **Unidad por temas.** El desarrollo de cada unidad explicando los conceptos clave de cada uno con ejemplos prácticos.

❑ **Resumen.** En el que se indican los principales contenidos que se han desarrollado en la unidad.

❑ **Glosario.** Exposición de conceptos trabajados durante la unidad.

❑ **Caso práctico resuelto.** Si al principio de la unidad se presentaba un caso práctico, al final de cada una estará resuelto para demostrar cómo se realizaría.

❑ **Cuestionario.** Preguntas de evaluación general de los contenidos de la unidad.

❑ **Evaluación.** Examen de diez preguntas sobre los contenidos de la unidad.

Introducción al certificado de Habilitación para la Docencia en grados A, B y C del Sistema de Formación Profesional

El certificado de Habilitación para la Docencia en grados A, B y C del Sistema de Formación Profesional

Se busca docente para impartir el certificado de profesionalidad de Atención Sociosanitaria en Instituciones… Se busca docente para impartir el certificado de profesionalidad de Desarrollo de productos audiovisuales multimedia interactivos… para impartir el certificado de profesionalidad de Peluquería, de Repostería, de Producción en mecanizado, conformado y montaje mecánico…

Seguramente has visto alguna publicación en la que se buscan docentes para impartir certificados de profesionalidad. Estas ofertas lo que buscan es a un profesional que esté habilitado para impartir acciones formativas para el empleo conducentes a la obtención de un certificado de profesionalidad.

Y esos profesionales son los docentes de la formación profesional para el empleo.

¿Qué es el certificado de profesionalidad de Habilitación para la Docencia en grados A, B y C del Sistema de Formación Profesional?

Este certificado es la vía directa para estar habilitado metodológicamente para impartir acciones formativas para el empleo. Es decir, es el aval necesario ante la Administración Pública que certifica que:

1. Sabemos programar acciones formativas para el empleo.

2. Sabemos seleccionar o realizar materiales didácticos y utilizar diferentes medios educativos.

3. Sabemos lo que hacer para que el alumnado desarrolle capacidades y competencias.

4. Sabemos evaluar de forma objetiva al alumnado para identificar si están cualificados.

5. Sabemos orientar al alumnado hacia su desarrollo profesional y su empleabilidad.

¿Para qué sirve el certificado de profesionalidad de Habilitación para la Docencia en grados A, B y C del Sistema de Formación Profesional?

De cara al empleo, el valor principal es que tener este certificado permite habilitarte como docente para el empleo en aquellas acciones formativas que conduzcan a la obtención de un certificado de profesionalidad.

Pero, además, sirve para acreditar tu capacidad para impartir cualquier formación de tu experiencia profesional en el ámbito no formal, es decir, en la formación programada por las empresas o en entidades del tercer sector.

¿Qué se aprende?

**CERTIFICADO DE PROFESIONALIDAD DE HABILITACIÓN
PARA LA DOCENCIA EN GRADOS A, B Y C DEL
SISTEMA DE FORMACIÓN PROFESIONAL**

PROGRAMAR ACCIONES FORMATIVAS

ELABORAR MATERIALES Y UTILIZAR MEDIOS

IMPARTIR Y TUTORIZAR ACCIONES FORMATIVAS

EVALUAR EL PROCESO ENSEÑANZA APRENDIZAJE

ORIENTAR LABORALMENTE

El certificado está dividido en cinco módulos formativos y un módulo de prácticas profesionales:

Módulo 1 (MF1442_3). Programación didáctica de acciones formativas para el empleo.
Se aprende a programar una acción formativa, es decir, a establecer los objetivos de aprendizaje, los contenidos a desarrollar y la metodología a utilizar dentro del ámbito de la formación profesional para el empleo. Por eso es importante conocer los principios del diseño educativo y la normativa específica de la formación profesional para el empleo.

Módulo 2 (MF1443_3). Selección, elaboración, adaptación y utilización de materiales, medios y recursos didácticos en formación profesional para el empleo.

Se aprende a tener criterios educativos para la realización de materiales, ya sean documentos, presentaciones o actividades interactivas. Y se aprende a realizarlos y buscar fuentes de información teniendo en cuenta las leyes de propiedad intelectual. Se aprende también a utilizar los medios adecuados en formación presencial y a distancia teniendo en cuenta medidas ambientales y de prevención de riesgos.

Módulo 3 (MF1444_3). Impartición y tutorización de acciones formativas para el empleo.

Se aprenden las metodologías necesarias para llevar a cabo la formación y cómo diseñar actividades de aprendizaje, tanto para el desarrollo de acciones formativas presenciales como en la modalidad online. Se tienen en cuenta los diferentes estilos de aprendizaje del alumnado y las peculiaridades de la formación de personas adultas que tienen el objetivo de desarrollar un trabajo.

Módulo 4 (MF1445_3). Evaluación del proceso de enseñanza–aprendizaje en formación profesional para el empleo.

Se aprenden a establecer criterios y herramientas que permitan la evaluación de los objetivos de aprendizaje por parte del alumnado, ya sean teóricos o prácticos. Y se aprende a desarrollar instrumentos de valoración de las acciones formativas con el fin de garantizar su mejora continua.

Módulo 5 (MF1446_3). Orientación laboral y promoción de la calidad en la formación profesional para el empleo.

Se aprende a desarrollar estrategias para la orientación laboral del alumnado, ya sea por cuenta ajena o por cuenta propia. Se facilitan herramientas de orientación laboral por vías tradicionales y por vía online. Finalmente, se desarrolla la promoción de la calidad en el sistema de formación profesional nacional y su vinculación con los modelos de formación profesional en Europa.

Módulo 6 (MP0353). Módulo de prácticas profesionales no laborales de Docencia en la formación para el empleo.

Se pone en práctica directamente la programación de acciones formativas, el desarrollo de materiales, el uso de medios didácticos, la impartición de formación y tutorización de la misma, la creación de instrumentos de evaluación y la orientación laboral del alumnado de acuerdo a los convenios de prácticas establecidos con empresas de formación.

¿Dónde se encuentra recogido?

Puedes acceder al certificado de profesionalidad de Habilitación para la Docencia en grados A, B y C del Sistema de Formación Profesional desde el Real Decreto 659/2023, de 18 de julio, que tiene por objeto el desarrollo de un sistema único e integrado de Formación Profesional regulado por la Ley Orgánica 3/2022, de 31 de marzo, de ordenación e integración de la Formación Profesional:

https://www.boe.es/buscar/pdf/2023/BOE-A-2023-16889-consolidado.pdf

LEGISLACIÓN CONSOLIDADA

Real Decreto 659/2023, de 18 de julio, por el que se desarrolla la ordenación del Sistema de Formación Profesional.

Ministerio de Educación y Formación Profesional
«BOE» núm. 174, de 22 de julio de 2023
Referencia: BOE-A-2023-16889

O puedes acceder directamente al certificado de profesionalidad Habilitación para la Docencia en grados A, B y C del Sistema de Formación Profesional desde la base de especialidades formativas del SEPE (Servicio Público de Empleo Estatal):

https://sede.sepe.gob.es/especialidadesformativas/RXBuscadorEFRED/ DetalleEspecialidad.do?codEspecialidad=SSCE0110

Detalle de Especialidad formativa de certificado de profesionalidad :

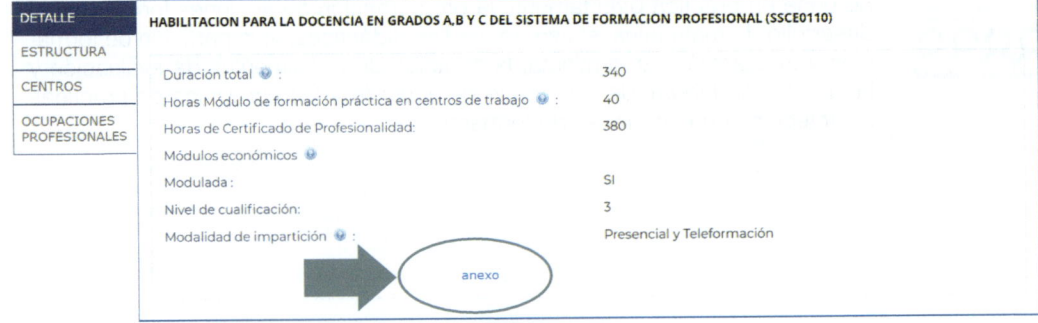

MF1444: Impartición y tutorización de acciones formativas para el empleo – UF1646: Tutorización de acciones formativas para el empleo.

CERTIFICADO DE PROFESIONALIDAD DE HABILITACIÓN PARA LA DOCENCIA EN GRADOS A, B Y C DEL SISTEMA DE FORMACIÓN PROFESIONAL

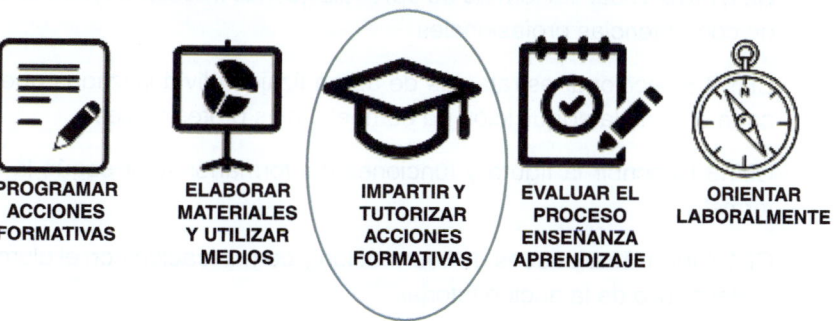

| PROGRAMAR ACCIONES FORMATIVAS | ELABORAR MATERIALES Y UTILIZAR MEDIOS | IMPARTIR Y TUTORIZAR ACCIONES FORMATIVAS | EVALUAR EL PROCESO ENSEÑANZA APRENDIZAJE | ORIENTAR LABORALMENTE |

Ficha técnica del módulo

Denominación: TUTORIZACIÓN DE ACCIONES FORMATIVAS PARA EL EMPLEO

Código: UF1646

Nivel de cualificación profesional: 3

Asociado a la Unidad de Competencia: UC1444_3: Impartir y tutorizar acciones formativas para el empleo utilizando técnicas, estrategias y recursos didácticos.

Duración MF1444: 100 horas.

Duración UF1646: 30 horas.

Objetivos específicos del módulo (Capacidades)

❑ **Capacidad 1 (C1):** Proporcionar habilidades y estrategias personalizadas de mejora al alumnado para favorecer su aprendizaje, en formación presencial y en línea, supervisando su desarrollo.

❑ **C2:** Proporcionar estrategias y habilidades para favorecer el aprendizaje en la formación en línea supervisando su desarrollo.

Objetivos operativos del módulo (capacidades y criterios de evaluación)

Capacidades y criterios de evaluación

☐ Capacidad 1 (C1): Proporcionar habilidades y estrategias personalizadas de mejora al alumnado para favorecer su aprendizaje, en formación presencial y en línea, supervisando su desarrollo.

♦ CE1.1 Identificar las formas de aprendizaje más frecuentes para la adquisición de competencias profesionales.

♦ CE1.2 Seleccionar estrategias de aprendizaje individualizadas que faciliten a cada alumno la adquisición de competencias profesionales.

♦ CE1.3 Describir la figura y funciones del formador–tutor según la modalidad formativa.

♦ CE1.4 Identificar cauces de información y comunicación con el alumnado para el desarrollo de la acción tutorial.

♦ CE1.5 Desarrollar acciones tutoriales, consensuando la frecuencia e intercambio de valoraciones sobre el desarrollo del aprendizaje del alumnado.

♦ CE1.6 En un supuesto práctico de supervisión del proceso de aprendizaje de una acción formativa, elaborar un cronograma de actividades de aprendizaje y tutorías adaptado a las necesidades que se exponen, favoreciendo la autonomía y responsabilidad del alumnado.

♦ CE1.7 En un supuesto práctico que pretende elaborar procedimientos para reconducir el aprendizaje del alumnado hacia los objetivos propuestos a través del seguimiento sistemático de las actividades de aprendizaje programadas:

◊ Promover actividades de aprendizaje que aseguren la autonomía en la toma de decisiones para desarrollar las capacidades individuales.

◊ Establecer cauces para informar periódicamente al alumnado sobre su progreso en la acción formativa, con el objeto de reforzar o reconducir su aprendizaje.

☐ C2: Proporcionar estrategias y habilidades para favorecer el aprendizaje en la formación en línea supervisando su desarrollo.

♦ CE2.1 Utilizar herramientas para la comunicación virtual.

♦ CE2.2 Realizar tareas y actividades específicas para la formación en línea, asumiendo las responsabilidades administrativas.

♦ CE2.3 Elaborar el plan tutorial de la formación en línea para distintos tipos de acciones formativas.

Esquema: trayectoria de aprendizaje de este módulo

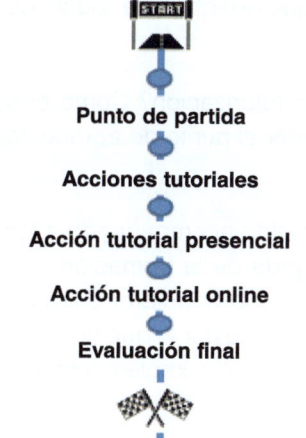

Punto de partida – conceptos clave

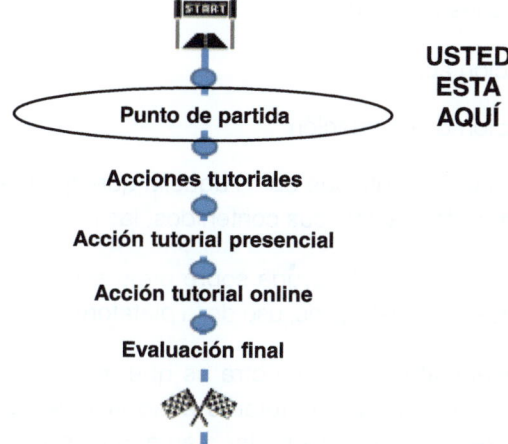

Punto de partida 1. La acción tutorial

En la UF1645 vimos el concepto de impartición de la formación y en esta UF1646 veremos el concepto de tutorización.

La tutorización hace referencia al seguimiento individualizado del aprendizaje, es decir, a las estrategias que debemos usar para seguir la evolución de cada alumno, no solo académicamente, sino también en referencia al grupo de aprendizaje.

Por tanto, podemos señalar que impartir formación se vincula al grupo, mientras que la tutorización se vincula a cada persona. Si bien, tal afirmación no es válida al 100% ya que la impartición de la formación tiene que adaptarse a todos los alumnos y la tutorización puede realizarse en grupo.

Por tanto, ¿cómo definimos la tutorización? Como el seguimiento individualizado de la formación. Lo que queremos es saber el punto de aprendizaje de cada alumno, su evolución, sus metas y darles una guía.

La tutorización siempre ha existido acompañando a los procesos de formación, pero se ha hecho más evidente con la llegada de la formación online, ya que muchos alumnos han necesitado del apoyo y guía de tutores para aclarar dudas o para saber manejar una determinada plataforma de formación. Es por eso por lo que hoy en día la tutorización se ha convertido en un campo profesional propio, distinto o complementario al de la impartición.

Punto de partida 2. Tipos de acciones tutoriales

Como tutores debemos conocer lo que implica el proceso de tutoría y saber distinguir las dos grandes dimensiones que conlleva:

1. La tutorización académica.

2. La tutorización de orientación.

La tutoría académica se entiende como aquella que ayuda al alumno a solucionar dudas respecto al programa de formación, sus contenidos, las actividades o la forma de evaluar.

La tutoría de orientación es la ayuda sobre otros aspectos de la formación: motivación para el estudio, trámites administrativos, uso de la plataforma y herramientas de comunicación.

La diferencia esencial entre una y otra es que, en el mundo laboral, antes se solían diferenciar dos tipos de tutores. Los tutores académicos resolvían dudas de contenido, mientras que los tutores de orientación atendían a las labores administrativas y de uso de plataformas.

Hoy en día es frecuente que se contrate a un único tutor que asuma ambas funciones: académica y de orientación.

Punto de partida 3. Apostando por el aprendizaje autónomo

Apostar porque las personas adultas aprendan de forma autónoma no conlleva que el tutor deje de tener responsabilidades. Nuestra misión es favorecer que las personas aprendan y para ello podemos seguir varias estrategias:

❏ Estrategia de salud: favorecer hábitos saludables para estar en buenas condiciones de aprender.

❏ Estrategia de motivación: usar técnicas para animar al estudio y sacar fuerzas de voluntad para continuar hasta el final.

❏ Estrategia de estilo de aprendizaje: reconocer los estilos de aprendizaje y saber adaptar metodologías educativas para cada alumno.

❏ Estrategia de técnicas de estudio: ayudar a realizar una lectura comprensiva, diseñar un esquema de las principales ideas y establecer resúmenes para facilitar el aprendizaje.

Estas estrategias nos permitirán individualizar el aprendizaje.

Punto de partida 4. De la acción tutorial al plan tutorial

La acción tutorial permite individualizar el aprendizaje, pero como tutores, no podemos reservarnos un papel secundario en el aprendizaje, sino que debemos buscar un papel más activo.

Normalmente, la tutorización ha tenido un sentido reactivo, pero hoy en día se prefiere asumir un rol proactivo.

TIPO DE ROL	COMPORTAMIENTO
Tutor reactivo	Es el que espera a que un alumno solicite una tutoría presencial o que espera a las preguntas por parte de los alumnos. Es frecuente en grupos altamente motivados y autónomos.
Tutor activo	Es el tutor el que solicita que los alumnos acudan a una tutoría individual o en grupo. Promueve el uso de las tutorías para validar el proceso de aprendizaje de cada alumno y el estado del grupo.
Tutor proactivo	Es el tutor que se adelanta a posibles situaciones, que realiza tutorías por su iniciativa, que lanza preguntas individuales para conocer la situación de los alumnos y del grupo.

Y para asumir ese papel proactivo es necesario establecer un plan de acción tutorial, es decir, diseñar un marco de actuación para poder tutorizar correctamente. Dicho plan debería integrar diferentes apartados:

❏ Identificación.

❏ Objetivos.

❏ Principios de actuación.

❏ Agentes implicados en el plan de acción tutorial.

❑ Metodología de las acciones tutoriales.

❑ Acciones de tutorización.

❑ Temporalización de acciones: se recoge en un cronograma las diferentes acciones a realizar.

❑ Evaluación del plan de acción tutorial.

UNIDAD DIDÁCTICA 1

Características de las acciones tutoriales en formación profesional para el empleo

Objetivos específicos (capacidades)

▣ **Capacidad 1 (C1):** Proporcionar habilidades y estrategias personalizadas de mejora al alumnado para favorecer su aprendizaje, en formación presencial y en línea, supervisando su desarrollo.

Objetivos operativos (criterios de evaluación)

▣ **Capacidad 1 (C1):** Proporcionar habilidades y estrategias personalizadas de mejora al alumnado para favorecer su aprendizaje, en formación presencial y en línea, supervisando su desarrollo.

✦ CE1.1 Identificar las formas de aprendizaje más frecuentes para la adquisición de competencias profesionales.

✦ CE1.2 Seleccionar estrategias de aprendizaje individualizadas que faciliten a cada alumno la adquisición de competencias profesionales.

✦ CE1.3 Describir la figura y funciones del formador–tutor según la modalidad formativa.

✦ CE1.4 Identificar cauces de información y comunicación con el alumnado para el desarrollo de la acción tutorial.

Contenido

Mapa conceptual

Características de las acciones tutoriales

Modalidades
Presencial
Teleformación
Mixta

La figura del tutor
Funciones

Plan de acción tutorial
Tipos de tutoria

Comunicación online

Estrategias de aprendizaje autónomo
Salud
Voluntad
Estilos de aprendizaje
Técnicas de estudio

Caso Práctico 1. Ejemplo

Enunciado

Como docente tienes que adaptar la enseñanza a tus alumnos y encuentras que Ana García Salvador es una alumna prudente, todo lo piensa mucho y lo analiza, es muy atenta y receptiva, pero poco participativa en clase. Necesita seguridad antes de contestar o realizar una actividad delante del grupo. Es muy observadora y siempre busca comparaciones.

Indica qué estrategias serían más efectivas para su estilo de aprendizaje.[1]

---

*   Podrás ver este caso práctico resuelto al final de la unidad.

Evaluación inicial

1. **Los estilos de tutoría hacen referencia a:**

   a) Si son presenciales o a distancia.
   b) Si son individuales o grupales.
   c) Si son académicas o de orientación.
   d) Si son sobre la materia o sobre las actividades.

2. **Una duda sobre cómo realizar un ejercicio es:**

   a) Una tutoría académica.
   b) Una tutoría de orientación.
   c) Una tutoría física.
   d) Una tutoría digital.

3. **Una duda sobre el proceso administrativo es:**

   a) Una tutoría académica.
   b) Una tutoría de orientación.
   c) Una tutoría física.
   d) Una tutoría digital.

4. **Una pregunta sobre el futuro profesional de un alumno es:**

   a) Una tutoría académica.
   b) Una tutoría de orientación.
   c) Una tutoría física.
   d) Una tutoría digital.

5. **En el estilo de aprendizaje asimilador:**

   a) Las habilidades dominantes son la conceptualización abstracta y la experimentación activa.
   b) Las habilidades que predominan son la experimentación activa y la experiencia concreta.
   c) Sus habilidades principales son la experiencia concreta y la observación reflexiva
   d) Las habilidades dominantes son la conceptualización abstracta y la observación reflexiva.

6. **El estilo convergente se asocia al:**

   a) Estilo teórico.
   b) Estilo pragmático.
   c) Estilo activo.
   d) Estilo reflexivo.

7. **El estilo acomodador se asocia al:**

   a) Estilo teórico.
   b) Estilo pragmático.
   c) Estilo activo.
   d) Estilo reflexivo.

8. **Los adultos de estilo teórico aprenden mejor:**

   a) A partir de modelos, teorías, sistemas con ideas y conceptos que presenten un desafío.
   b) Con actividades que ponen en práctica la teoría, cuando ven a los demás hacer algo y pueden replicarlo.
   c) Cuando se lanzan a una actividad que les presente un desafío y pueden hacerla por sí mismos.
   d) A partir de observar, escuchar, comparar, investigar, reflexionar.

9. **Los adultos de estilo pragmático aprenden mejor:**

   a) A partir de modelos, teorías, sistemas con ideas y conceptos que presenten un desafío.
   b) Con actividades que ponen en práctica la teoría, cuando ven a los demás hacer algo y pueden replicarlo.
   c) Cuando se lanzan a una actividad que les presente un desafío y pueden hacerla por sí mismos.
   d) A partir de observar, escuchar, comparar, investigar, reflexionar.

10. **Los adultos de estilo activo aprenden mejor:**

   a) A partir de modelos, teorías, sistemas con ideas y conceptos que presenten un desafío.
   b) Con actividades que ponen en práctica la teoría, cuando ven a los demás hacer algo y pueden replicarlo.
   c) Cuando se lanzan a una actividad que les presente un desafío y pueden hacerla por sí mismos.
   d) A partir de observar, escuchar, comparar, investigar, reflexionar.

Evaluación inicial (soluciones)

1. **b)** *Si son individuales o grupales.*

2. **a)** *Una tutoría académica.*

3. **b)** *Una tutoría de orientación.*

4. **b)** *Una tutoría de orientación.*

5. **d)** *Las habilidades dominantes son la conceptualización abstracta y la observación reflexiva.*

6. **a)** *Estilo teórico.*

7. **b)** *Estilo pragmático.*

8. **a)** *A partir de modelos, teorías, sistemas con ideas y conceptos que presenten un desafío.*

9. **b)** *Con actividades que ponen en práctica la teoría, cuando ven a los demás hacer algo y pueden replicarlo.*

10. **c)** *Cuando se lanzan a una actividad que les presente un desafío y pueden hacerla por sí mismos.*

Introducción

En esta unidad vamos a introducirnos en las diferentes modalidades de formación que existen para destacar la importancia que han tenido en los últimos años en la formación a distancia a través de la formación online.

Como tutores debemos conocer lo que implica el proceso de tutoría y saber distinguir las dos grandes dimensiones que conlleva: la tutorización académica y la tutorización de orientación.

Estas tutorías se pueden desarrollar a nivel individual o en grupo y en modo presencial o en modo online.

Veremos un apartado de las estrategias de aprendizaje autónomo y los estilos preferidos de aprendizaje de las personas adultas.

Veremos otro apartado específico sobre la comunicación online.

Y finalmente, abordaremos la figura del tutor, los estilos de tutoría, los roles y las habilidades para un buen proceso de tutoría.

1. Modalidades de formación: presencial, a distancia y mixta

La formación ha estado siempre unida a los avances de la sociedad, tanto a nivel tecnológico como político. La industrialización, la necesidad de que las personas aprendiesen nuevas capacidades, la socialización del conocimiento, el avance tecnológico, la aparición de Internet y las nuevas tecnologías de la información y la comunicación, la democratización del saber, las nuevas herramientas como los móviles, etc. La formación ha vivido grandes cambios.

A mediados del siglo XIX surge la educación por correspondencia, la educación que se realiza a distancia mediante correspondencia postal. Además de que ya existían la escritura, la imprenta y los servicios de mensajería, nos encontramos en una época en que se elimina la existencia de privilegios por los que el saber solo le correspondía a una parte de la población. Ahora se piensa que la educación tiene que ser para todo el mundo, lo que, junto a un aumento de la población en esta época, supone que los centros de enseñanza se masifican y no permiten la relación individual que existía con anterioridad entre profesores y estudiantes.

Una solución a esta situación es precisamente, la educación a distancia.

La despoblación rural y el aumento de las ciudades también hace que la formación a distancia llegue a zonas rurales. Y la llegada de las grandes guerras del siglo XX hace que las sociedades busquen nuevas vías para la educación.

Y también hay otro factor importante, culturalmente no solo se entiende que la educación es para todo el mundo, sino que, además, lo es para toda la vida. La formación tiene que ser continua y no solo estar circunscrita a un periodo escolar o de especialización, sino que habrá gente que tenga que conciliar su vida personal con su vida laboral y con una nueva vida en formación, lo que aumenta la necesidad de crear modelos de formación.

Así, con el desarrollo de una formación a distancia, surgieron instituciones y centros especializados para cubrir esta necesidad.

La primera enseñanza por correspondencia de finales del siglo XIX y principios del siglo XX se centraban en el envío documentos escritos, en los que se recogía la exposición de un tema por parte de un profesor, pero al no contar con ejercicios, evaluaciones o guías que ayudasen al alumno, su resultado no era el esperado.

Se comenzó a generar el rol de orientador. Ahora el profesor por correspondencia tendría que resolver dudas de los alumnos por correo, corregir exámenes y trabajos que realizasen los alumnos a distancia. Habrá que esperar a 1876 con la invención del teléfono para que la formación a distancia incluya la comunicación verbal.

Posteriormente, con el avance de la radio y la televisión, la formación a distancia encontró un nuevo camino, sustituyendo la documentación escrita por casetes de audio y por vídeos. Es un momento en que la formación similar a un aula como era en su origen cambia por una formación personalizada. La formación a distancia se centra en crear materiales educativos individuales y fomentar la interacción con un tutor/orientador a través del teléfono.

Y ya con la revolución informática e Internet a partir de los años 80 del siglo XX, la modalidad a distancia adapta nuevas herramientas creándose plataformas de formación, la mensajería online entre alumnos y tutores, la creación de multitud de materiales audiovisuales, la posibilidad de evaluación a distancia, el uso de videoconferencias, etc.

Así que, frente a la modalidad de formación presencial tradicional, la formación a distancia adquiere cada vez mayor nivel por los resultados que consigue y las facilidades que ofrece.

Actualmente, la formación a distancia se concibe como formación online, ya que la correspondencia postal ha dejado paso a la relación virtual a través de plataformas de formación.

Existen, por tanto, tres modalidades de formación:

1. Formación presencial: que se hace en el mismo espacio y al mismo tiempo.

2. Formación a distancia (online): que no requiere de estar en el mismo espacio ni al mismo tiempo, sino que se adapta a las necesidades individuales de los alumnos.

3. Formación mixta (blended): que combina una parte de formación a distancia (online) y otra parte de formación presencial.

1.1. Modalidades de formación en formación profesional para el empleo

De forma específica, el subsistema de formación profesional para el empleo tiene como objetivo: impulsar y extender entre las empresas y los trabajadores ocupados y desempleados una formación que contribuya al desarrollo personal y profesional de los trabajadores y a su promoción en el trabajo que responda a las necesidades del mercado laboral y esté orientada a la mejora de la empleabilidad de los trabajadores y la competitividad empresarial.

Y contempla una restricción a las modalidades y límites de impartición de la formación profesional (Art. 14, Ley 30/2015 de 9 de septiembre, por la que se regula el Sistema de Formación Profesional para el empleo en ámbito laboral): la formación profesional para el empleo en el ámbito laboral podrá impartirse en modalidad presencial, teleformación o mixta.

Por tanto, debemos de entender estos tres conceptos y sus restricciones:

1. La formación impartida mediante modalidad presencial.

   Es la que se imparte con presencia física de alumnado y profesor mediante interrelación directa. Deberá realizarse con criterios de calidad que posibiliten una formación por competencias y un proceso de aprendizaje acorde con la misma, así como su seguimiento y evaluación. A estos efectos se entenderá como competencias la adquisición de destrezas, conocimientos y capacidades.

   Esta formación presencial se organizará en grupos de 30 participantes como máximo. En la formación vinculada con certificados de profesionalidad el máximo será de 25 participantes.

2. Formación impartida mediante modalidad de teleformación o e-learning.

   Se considerará modalidad de teleformación cuando la parte presencial que la acción formativa precise sea igual o inferior al 20 por ciento de su duración total.

Esta modalidad de impartición deberá realizarse siguiendo los requisitos establecidos en el Real Decreto 694/2017 de 3 de Julio (Desarrollo de la Ley 30/2015, Formación Profesional para el Empleo):

a) Ha de realizarse mediante una plataforma virtual de aprendizaje que posibilite la interactividad de alumnos, tutores y recursos situados en distinto lugar y que asegure la gestión de los contenidos, un proceso de aprendizaje sistematizado para los participantes, su seguimiento continuo y en tiempo real, así como la evaluación de todo el proceso.

b) Deberá contar con una metodología apropiada para esta modalidad, complementada con asistencia tutorial, y deberá cumplir los requisitos de accesibilidad y diseño universal o diseño para todas las personas que se establezcan mediante orden del titular del Ministerio de Empleo y Seguridad Social.

c) Cuando la formación se dirija a la obtención de certificados de profesionalidad, tales requisitos, así como los certificados que se podrán impartir en la modalidad de teleformación, serán los establecidos en la normativa específica reguladora de los mismos.

d) Los tutores-formadores que impartan formación en la modalidad de teleformación deberán contar con formación o experiencia verificables en esta modalidad y cumplir las funciones que se establezcan en la orden ministerial señalada en este apartado.

e) En el caso de formación vinculada a certificados de profesionalidad además deberán cumplir las prescripciones específicas que se establecen para cada certificado de profesionalidad.

f) Cuando la formación se dirija a la obtención de certificados de profesionalidad en la modalidad de teleformación, las tutorías presenciales respetarán el número máximo de alumnos para los que estuviera acreditada la entidad en la modalidad presencial.

g) En la formación impartida mediante teleformación deberá haber, como mínimo, un tutor por cada 80 participantes.

3. Formación impartida mediante modalidad mixta.

Se entiende por modalidad mixta la que combine para la impartición de una misma acción formativa las modalidades presencial y de teleformación. Los límites señalados en los apartados anteriores se aplicarán en función de la respectiva modalidad de impartición.

2. Plan tutorial: estrategias y estilos de tutoría y orientación

Tenemos que diferenciar entre los conceptos de impartición y tutorización. Mientras que el primero se centra en guiar el proceso de aprendizaje, la acción tutorial busca servir de complemento al proceso de aprendizaje, es decir, ver cómo lo está llevando el alumno y el grupo.

Se puede definir la acción tutorial como la interacción entre el tutor y los alumnos para facilitar el proceso de aprendizaje y orientar al alumnado. Hacer un seguimiento de su integración en el grupo, su asistencia, su participación, sus calificaciones, resolver dudas que tenga, etc. Así como de validar la situación del grupo en aprendizaje. No se trata de una acción puntual, sino continua, planificada, que se desarrolla de forma activa y dinámica.

La acción tutorial es un elemento fundamental del proceso de aprendizaje, sobre todo en el contexto de la formación online. Complementa la impartición de una materia centrándose en validar si el alumno está siguiendo correctamente el proceso de aprendizaje y conocer la fase que está atravesando el grupo.

2.1. El plan tutorial

El Plan de Acción Tutorial (PAT) engloba el conjunto de acciones de tutorización para favorecer la integración de los alumnos.

Más allá de centrarse en la parte académica de la adquisición de capacidades profesionales, recoge aspectos sociales y emocionales relacionados con la preocupación por la situación de cada alumno, cómo está realizando el proceso de formación, la situación del grupo y cómo encaran el futuro.

La idea central de un plan de acción tutorial es marcar una línea coherente entre el proceso de aprendizaje y las necesidades de cada alumno.

Un plan de acción tutorial se recoge en un documento que incluye:

1. Identificación: plan de acción tutorial del certificado de profesionalidad correspondiente.

2. Objetivos generales (que pueden aparecer también desglosados en objetivos específicos):

   ♦ Establecer un sistema de información, orientación y seguimiento académico de los estudiantes.

- Asignación de un tutor para cada grupo de aprendizaje.

- Garantizar la información a los estudiantes sobre el centro de formación y el certificado que están cursando.

- Favorecer la capacidad de aprendizaje autónomo de los alumnos y el trabajo en equipo.

- Favorecer la capacidad de análisis, reflexión y comunicación de los alumnos.

- Favorecer la toma de decisiones y la resolución de conflictos.

- Orientar sobre el mercado laboral propio del certificado de profesionalidad.

- Informar sobre servicios ofrecidos a los alumnos, proyectos en los que pueden participar, becas y ayudas a las que pueden optar, etc.

- Servir de referencia para validar la calidad de la formación ofrecida.

3. Principios de actuación.

- La información será privada y confidencial, por lo que no puede salir de los canales de comunicación propios de la acción tutorial.

- Respeto a las normas del proceso de enseñanza aprendizaje por parte de los tutores y de los alumnos.

4. Agentes implicados en el Plan de Acción Tutorial.

- Dirección de la acción formativa. Se corresponde con la dirección del centro que realiza el certificado de profesionalidad y que diseña el plan de acción tutorial.

- Responsables de la acción tutorial. Son las personas que coordinan las diferentes acciones tutoriales.

- Tutores. Son las personas que realizan las tutorías individuales o en grupo y las tutorías académicas o de orientación.

5. Metodología de las acciones tutoriales. Con el objetivo de garantizar el mejor proceso de enseñanza-aprendizaje, las acciones tutoriales tienen que ser variadas y flexibles.

- Acciones individuales.

- Acciones en grupo.

- Acciones de tutorización académica.

- Acciones de orientación.

6. Acciones de tutorización

    ♦ Aprobación del Plan de Acción Tutorial. Es el punto de origen en el que se establecen los tutores y del que partirán las acciones tutoriales.

    ♦ Acogida de alumnos. Acciones para que los alumnos no se encuentren desorientados al ingresar en una acción formativa. Se incluyen actividades de contacto directo y comunicación, ya sea personal o mediante llamada o correo electrónico.

    ♦ Seguimiento de los alumnos. Acciones para mantener animados a los alumnos durante el proceso formativo.

    ♦ Seguimiento de los tutores. Acciones para mantener implicados a los tutores durante el proceso formativo.

    ♦ Despedida de los alumnos. Acciones para orientar a los alumnos al finalizar el certificado de profesionalidad.

7. Temporalización de acciones: se recoge en un cronograma las diferentes acciones a realizar. Por ejemplo:

FECHA	TIPO DE ACCIÓN	ACCIÓN
1 de febrero	Aprobación del PAT.	Aprobación del PAT y selección de tutores.
6 de febrero	Acogida de los alumnos.	Llamada por teléfono para darles la bienvenida y aclarar dudas del proceso.
7 -20 de febrero	Seguimiento de los alumnos.	Llamada por teléfono de seguimiento de la acción formativa para conocer dificultades.
		Noticias académicas del tutor aclarando determinados temas.
		Noticias académicas sobre salidas laborales del momento.
10 de febrero	Seguimiento de los alumnos.	Tutoría grupal presencial.
7-20 de febrero	Seguimiento de los tutores.	Llamada por teléfono para conocer su situación respecto al grupo, oportunidades y amenazas.
21 de febrero	Despedida de los alumnos.	Llamada por teléfono para darles la enhorabuena y aclarar dudas de cara a su futuro laboral.

8. Evaluación del plan de acción tutorial. Se debería evaluar el propio plan:

    ♦ Satisfacción con las diferentes acciones tutoriales: cuestionario, entrevistas...

    ♦ Impacto o rendimiento de las diferentes acciones tutoriales: número de acciones, número de participantes, objetivos conseguidos...

♦ Sugerencias de mejora de las acciones tutoriales: fichas, anotaciones, cuestionarios…

♦ Sugerencias y mejoras de la actividad de los tutores: valoración, fichas, anotaciones, cuestionarios…

2.2. Estilos de tutoría

Los estilos de tutoría se concentran en dos: acciones individuales centradas en un determinado alumno y acciones en grupo para conocer la situación en que se encuentra el grupo.

2.2.1. Acción tutorial individual

Se trata de validar la situación del alumno, motivarle y orientarle de forma exclusiva. Se realiza de forma individual, teniendo en cuenta su proceso de aprendizaje, sus éxitos, sus cualidades y su forma de ser.

La estrategia más utilizada es la entrevista, aunque también se puede hacer uso de encuestas para evaluar la situación del alumno.

2.2.2. Acción tutorial en grupo

Se trata de validar cómo está funcionando el grupo y si surgen problemas internos. Es importante conocer la fase por la que está atravesando el grupo, ya que en cada fase se darán circunstancias específicas: forming, stroming, norming, performing, adjourning.

Recuerda que las fases de los grupos, de acuerdo con el modelo clásico de Bruce Tuckman son cinco[2]:

❑ Forming o fase de formación.

❑ Storming o fase de conflicto.

❑ Norming o fase de normalización.

❑ Performing o fase de desempeño.

❑ Adjourning o fase de clausura.

---

[2] Aunque el modelo clásico de Tuckman (1965) establecía cuatro fases de desarrollo, en 1977 y ayudado por Mary Ann Jensen, introdujo la quinta fase: la clausura o disolución del grupo.

La primera fase es en la que se forma el grupo (forming). En la segunda aparecen las diferencias (storming). En la tercera surgen soluciones ante de las diferencias (norming) y se alcanza un mayor rendimiento (performing). Es posible que entonces surjan nuevas diferencias y se vuelva a la fase de storming, a la que le sucederán nuevas soluciones (norming) y un nuevo rendimiento (performing). Y con el tiempo, llegará un momento en el que el grupo deje de existir, que sería la fase de clausura (adjourning).

Por otra parte, la estrategia más utilizada en las tutorías grupales es la puesta en común sobre la situación del grupo: dificultades para el aprendizaje, conocimiento de procedimientos, conflictos que surgen, etc.

Primera fase: forming

La primera fase por la que pasa el grupo es la de formación.

> **Recuerda**
>
> *Las personas tratan de ser aceptadas y conocer al resto de integrantes del grupo, por lo que ofrecen normalmente su mejor cara y tienden a evitar conflictos. Se caracteriza por la incertidumbre del curso, de los compañeros, de su papel en el grupo y surgen las primeras relaciones.*

En formación presencial, los docentes tienen la misión de fomentar un "objetivo común" que es el aprendizaje y un "conocimiento de grupo", que se conozcan entre todos para favorecer la seguridad frente a la incertidumbre, para que se generen las primeras relaciones y aparezcan lazos de confianza.

El objetivo en común es la esencia del grupo, ya que es un grupo de formación, mientras que las relaciones entre sus miembros dependerán de cada uno de ellos.

La función del tutor es básicamente la misma, unir al grupo en torno a un objetivo de aprendizaje, como puede ser superar un certificado de profesionalidad, y establecer las primeras relaciones del grupo. El método más utilizado es una reunión de grupo y hacer una puesta en común de los objetivos que persigue cada uno y sus características.

Como vimos anteriormente, se pueden utilizar dinámicas de presentación para esa situación, que favorezcan la apertura y el conocimiento de los participantes.

En formación online, los participantes acceden directamente a los contenidos sin la presencia de un docente y cada uno a su ritmo, por lo que esta fase se hace más complicada.

La labor del tutor es doble. Por una parte, tiene que contactar con cada alumno para conocer su caso específico, lo que le motiva y cuál es su ámbito profesional, de forma que le sirva en lo sucesivo para dirigirse a él y responder sus dudas. Y, por otra parte, tiene que abrir un espacio en grupo, bien un chat o una videoconferencia para permitir que los alumnos interaccionen entre ellos. Más que una actividad en sí con un contenido de aprendizaje tiene que servir para que los alumnos se comuniquen.

Segunda fase: storming

Cuando aumenta la relación del grupo y la confianza, es cuando surgen las primeras disputas. Se hacen evidentes las diferencias entre personas, sus opiniones, sus creencias, su forma de organizarse, etc.

La diferencia y el conflicto son naturales porque todos tenemos visiones distintas, creencias distintas, gustos distintos… Manifestar el conflicto se hace necesario en un determinado momento, pero sin olvidar las formas. Y es este el momento de validar y aceptar quién es cada uno y quién es el equipo.

Recuerda

El conflicto es natural entre las personas y, por tanto, siempre surgirá en el grupo. Ahora bien, entender que el conflicto es una parte del proceso, significa que tenemos que detectarlo para tomar soluciones, no dejar que aumente.

En formación presencial, los conflictos habituales los soluciona directamente el docente, por lo que al tutor solo le llegarían conflictos que requieran de una solución más contundente, o bien, porque se requiera de un consenso por parte de todos los alumnos, o bien porque se requiera de marcar autoridad.

Ante el conflicto, el tutor presencial debe establecer una reunión con las partes implicadas y seguir una estrategia de resolución:

1. Crear un clima afectivo. Evitar la ansiedad que supone todo conflicto, sobre todo mostrando un estado de ánimo sereno.

2. Clarificar la percepción que tiene cada parte implicada en el conflicto, no juzgarla. Entender su posición.

3. Apuntar el objetivo que persigue cada parte que es lo que los lleva al conflicto.

4. Buscar un objetivo en común, ¿qué es lo que se quiere? A veces a partir de lo que no se quiere se llega a este punto. Las consecuencias de un conflicto nadie las quiere, por tanto, sirve para establecer un punto de llegada.

5. Construir soluciones a través de la negociación. Determinar aspectos que son negociables, en los que se puede pedir y ceder, no exigir.

6. Establecer un proceso para solucionar el conflicto por partes según los acuerdos que se alcanzan.

7. Ir validando los pasos del proceso para llegar a la resolución del conflicto.

En formación online, los conflictos surgen como demandas a la organización de un determinado curso: problemas generales con la plataforma, con horarios, con determinadas actividades… Es frecuente resolverlos de forma individual, pero cuando es en grupo, es recomendable utilizar una videoconferencia para valorar las necesidades del grupo y las opciones de solución por parte de la organización.

Tercera fase: norming

Detectada la fase de conflicto, se produce la siguiente fase que es la de establecer normas de grupo. Una vez que se ha llegado a una solución, esa solución se queda anclada en el grupo como forma de resolver los conflictos. Ahora es una "norma" para el grupo y se vuelve normal, se acepta.

Recuerda

En esta fase aparecen unas "normas" de grupo, el conflicto se vuelve así constructivo.

El grupo se hace consciente de las diferencias, acepta que existen varios puntos de vista y toma decisiones sobre cómo comportarse. Ahora, los miembros se sienten parte de un grupo formalizado y conoce sus normas. Es posible que algunos miembros del grupo se consideren más identificados con el grupo y otros más reticentes, pero las posiciones están más claras.

Ante todo conflicto, el grupo tiene que establecer sus normas para seguir conviviendo. Es la fase de la estructura y de las normas, es el momento de establecer un consenso y que se respete.

En formación presencial, a veces se establecen códigos o carteles sobre las normas que se van estableciendo por el grupo. En formación online es menos frecuente este tipo de actividades.

El tutor presencial, al igual que el tutor online, debe hacer un seguimiento de estas normas acordadas para validar si efectivamente se cumple con el tiempo.

Cuarta fase: performing

Aceptadas las normas del grupo, se llega a la cuarta fase: el desempeño. Los miembros se conocen y son capaces de gestionar sus relaciones, incluso el grupo empieza a desarrollar más autonomía y requiere de un liderazgo moderado.

Recuerda

En esta fase el grupo es más productivo, resuelve sus conflictos, existe una comunicación abierta y un mayor compromiso con los objetivos.

Ahora bien, es posible que surja algún conflicto mayor y, por tanto, el grupo vuelva a la segunda fase (storming), de la que surgirán nuevas normas (norming) y se llegue a una nueva fase de desempeño (performing).

La labor del tutor en esta fase es hacer un seguimiento de cómo es el desempeño del grupo y ver si existen nuevas necesidades por parte de los alumnos. En formación presencial, se puede hacer una reunión para hacer una puesta en común y en formación online podemos utilizar un chat o una videoconferencia. Las palabras del tutor deben de servir de refuerzo positivo sobre el trabajo del grupo.

Quinta fase: adjourning

Todo grupo llega a una fase final que es la de clausura y disolución del grupo.

Recuerda

Como tutores sabemos que este momento llega y es bueno que el grupo haga balance de lo conseguido durante el curso y cómo le ayudará en el futuro.

Nuevamente, en formación presencial se utiliza la reunión de grupo y puesta en común de la valoración de cada participante y en formación online podemos hacer uso de una video-conferencia o de un chat.

2.3. Tipos de tutoría

Los tipos de tutoría son dos: tutorías académicas centradas en los contenidos de aprendizaje y tutorías de orientación.

Ya sea de un tipo o de otro, podrá estar asignada a un tutor diferente. Es decir, es frecuente que exista un tutor académico que se centre en resolver las dudas sobre los contenidos y las actividades del curso, y al mismo tiempo, que exista un tutor de orientación para resolver el resto de preocupaciones.

Ahora bien, para realizar cualquier tipo de tutoría debemos tener en cuenta que el objetivo es crear un ambiente agradable y de confianza que favorezca el proceso de aprendizaje, lo que hace que los tutores se muestren con una disposición para la animación y la motivación de los alumnos.

2.3.1. Tutoría académica

La tutoría académica está centrada en los contenidos a desarrollar en el certificado de profesionalidad y la metodología docente. La misión del tutor es favorecer el aprendizaje, la comprensión de los conceptos y procedimientos que tiene que saber el alumno y adaptar la metodología docente al alumno.

Es frecuente que este tipo de tutorías surjan en forma de pregunta por parte de los alumnos y nuestra misión como tutores no es solo responder, sino responder con claridad. Esto significa que la mejor estrategia que podemos utilizar es la de incluir ejemplos aclaratorios en nuestras respuestas.

De forma que las tutorías académicas se pueden centrar:

1.   En un contenido específico:

Ejemplo:

Mensaje por tutoría: "Hola, Lucía. No entiendo la diferencia entre metodología y actividades. Se nos dice que la metodología es la forma en cómo formamos y las actividades también son una forma de enseñar. ¿Me lo podría aclarar? Gracias, Marga".

Respuesta de la tutora: "Hola, Marga. Por supuesto que intentaré aclarar su duda. Verá, la metodología es un concepto más abstracto y la actividad es un concepto más concreto. Es decir, la metodología abarca un campo mayor y la actividad más específico. Cuando hablamos de metodología nos referimos a cuatro tipos de metodologías para acceder al conocimiento: la metodología expositiva, la metodología interrogativa, la metodología demostrativa y la metodología por descubrimiento. Cuando tenemos que desarrollar cada tipo de metodología es cuando aparecen otros términos más concretos como son las actividades. Las actividades son las acciones que tienen que realizar los alumnos para aprender. En definitiva, la diferencia está en la dimensión. Si hablamos de metodología nos referimos a los cuatro tipos que le he mencionado y cada metodología requerirá de unas actividades determinadas. Muchas gracias, Lucía".

2. O en una actividad:

> ***Ejemplo:***
>
> *Mensaje por tutoría: "Hola, Lucía. No entiendo lo que se nos pide en la actividad cuatro. Dice que indiquemos el referente profesional ¿Se refiere al contexto profesional? Muchas gracias, Marga".*
>
> *Respuesta de la tutora: "Hola, Marga. En los certificados de profesionalidad, cuando hablamos de "referente profesional" nos referimos a la identificación de las unidades de competencia y las realizaciones profesionales que están asociadas a cada unidad. El referente profesional es la cualificación profesional a la que da acceso un certificado de profesionalidad, por eso, debemos indicar las unidades de competencia y las realizaciones profesionales. Muchas gracias, Lucía".*

2.3.2. Tutoría de orientación

Las tutorías de orientación no se centran en la materia, en los contenidos, sino que se centran en otras partes del proceso de enseñanza-aprendizaje como es valorar la situación actual del alumno o resolver problemas administrativos o con las herramientas de una plataforma de formación online. El objetivo de este tipo de tutorías es que el alumno adquiera mayor autonomía para la toma de decisiones.

De forma que las tutorías de orientación se pueden centrar:

❑ En el proceso administrativo. Un alumno puede tener dudas sobre el proceso de matrícula, pago, certificaciones, etc.

❑ En la situación del alumno. Hay alumnos con diferentes situaciones personales a lo largo de un curso que tienen que adaptarse a las condiciones de un certificado de profesionalidad. Esa adaptación, a veces requiere de cierta negociación, pero siempre dentro de los límites académicos y exigencias de una certificación oficial.

❑ En las herramientas técnicas. Una duda que puede surgir entre los alumnos es sobre el uso de una determinada herramienta como puede ser el foro, el acceso a una videoconferencia o la descarga de documentación. Esto no significa que el tutor deba ser un experto en cuestiones técnicas, pero sí poseer las habilidades mínimas para poder ir solucionando dudas referidas a los sistemas operativos, los navegadores o los programas de software.

❑ En el futuro del alumno. Un alumno puede tener dudas sobre las salidas profesionales al terminar el proceso formativo, las opciones de ofertas de trabajo, de emprendimiento o cómo seguir formándose.

3. Estrategias de aprendizaje autónomo

Aprender es una habilidad natural de la persona, pero existen una serie de estrategias que facilitan el aprendizaje:

3.1. Primera estrategia: estar sano

Es importante para el aprendizaje estar sano, por lo que debemos tener en cuenta algunas cuestiones físicas y mentales:

❑ Alimentación sana: comprobar nuestros hábitos alimenticios es esencial, saber qué estamos comiendo, cuánto y cuándo. Es necesario equilibrar la dieta con una variedad suficiente de alimentos que nos aporten nutrientes. También es importante establecer horarios para la ingesta de comida que permita una regulación del organismo.

❑ Actividad física: es importante conocer nuestro tono muscular. Caminar durante 30 minutos, hacer 10 minutos de ejercicio e ir incrementando poco a poco, andar en bici, ir a la piscina o practicar algún deporte nos sentará bien. Una buena disposición corporal nos ayudará a estar con más energía y tener mayor capacidad de concentración.

❑ Descansar para evitar la continuidad del estrés: el estrés es necesario porque es una reacción propia de nuestro cerebro ante determinadas situaciones que considera una amenaza. El problema está en mantener el estrés durante mucho tiempo porque se produce el agotamiento físico y mental y da lugar a problemas y enfermedades. Por lo que es necesario descansar, tomarse un tiempo al día para pasear, estar con los amigos, la familia o la pareja, hacer actividades que nos gusten, etc. o incluso, hacer una relajación física a través de estiramientos de los músculos del cuerpo.

3.2. Segunda estrategia: tener fuerza de voluntad

Estudiar es una cuestión de voluntad, de compromiso con uno mismo y eso es lo que lo convierte en lo más difícil de conseguir. Normalmente, respondemos mejor al compromiso con otras personas que con nosotros mismos.

Reflexiona

¿Cuál es tu nivel de compromiso con el estudio? Si tuvieras que puntuarte del 1 al 10, ¿qué nota te darías?

Es frecuente que caigamos en el desánimo y empecemos a desarrollar pensamientos negativos contra lo que estamos estudiando. No te culpes por ello porque es una reacción habitual. Ahora bien, hay que corregirla. ¿Por qué decidiste estudiar? ¿Cuál fue el motivo por el que empezaste un estudio? Recuérdalo, asúmelo y refuérzate. Si quieres tienes un motivo, si no quieres, tienes una excusa.

Es importante tener en cuenta los motivos que te han llevado a estudiar e incluso, tener personas de referencia que hayan superado los estudios. Un refuerzo interior y un refuerzo exterior conscientes te ayudarán a superar esas caídas y baches a lo largo de la formación y aumentar tu fuerza de voluntad.

3.3. Tercera estrategia: conoce tu estilo de aprendizaje

El adulto tiene un concepto de sí mismo como persona autodirigida y autónoma, es decir, que toma sus propias decisiones, que se responsabiliza de sus actos y palabras, que tiene su propia forma de enfrentarse a los retos de la vida. Y este autoconcepto de sí mismo choca cuando entiende que alguien trata de imponerle su voluntad (Knowles, 1990).

Este momento es frecuente en un proceso de formación, ya que la persona adulta quiere dirigir su forma de aprender y puede chocar con las formas de aprender del resto del grupo, o incluso, de la forma escogida por el formador para facilitar la enseñanza. Incluso si no está en un grupo y está aprendiendo vía online, el conflicto surge entre su forma de aprender y la plataforma o las herramientas de las que dispone. Se trata de un conflicto en la dirección del aprendizaje y como conflicto puede manifestarse o no, pero siempre está presente. No tiene por qué ser un conflicto agresivo, ya que como indica Knowles (2005), una persona puede tener un alto grado de autonomía, pero decidir aprender en un entorno instruccional altamente dirigido por necesidad, rapidez o conveniencia; pero el conflicto, la diferencia, el contraste entre cómo quiere aprender y la forma de aprender sí aparece.

Centrándonos en la necesidad de una máxima autonomía por parte de la persona adulta, la experiencia de aprendizaje debería ser la de ofrecer una instrucción mínima, sin embargo, cada persona responde de forma diferente al proceso de formación.

Aquí nos encontramos con la teoría de los estilos de aprendizaje. Ya hemos visto anteriormente esta teoría, pero la vamos a recordar.

Los estilos en la forma de aprender hacen referencia a las distintas preferencias en la forma de aprender que existen entre las personas (Sampascual, 2002) y su máximo exponente es David Kolb[3] (1984) con su teoría *Experimental Learning* (aprendizaje por la experiencia).

El aprendizaje, para la teoría experiencial, se define como "el proceso por el cual se crea conocimiento a través de la transformación de la experiencia" (Kolb, 1984;41). Por tanto, "el conocimiento es el resultado de la combinación de la captación y la transformación de la experiencia" (Kolb, 1984; 41). Estas son las dos dimensiones a las que va a atender Kolb:

❑ **Captación de la experiencia:** cómo se obtiene la nueva información.

♦ Experiencia concreta (CE): se aprende de una experiencia concreta, de lo que se experimenta en el momento. La información se percibe de forma concreta, tangible, confiando en los sentidos.

♦ Conceptualización abstracta (AC): se interpretan los acontecimientos y se comprenden las relaciones entre ellos. Es el espacio de las ideas, de los conceptos, de la generalización, de la lógica. Es el aprendizaje abstracto. La nueva información se obtiene a través de la representación simbólica o la conceptualización.

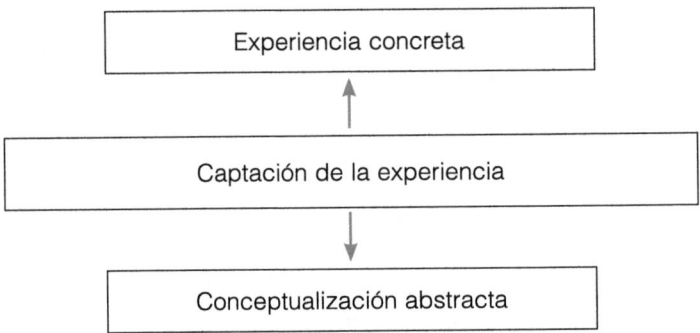

❑ **Transformación de la experiencia:**

♦ Experimentación activa (AE): se aprende haciendo, se comprende a través de la experimentación. Hay que hacer e implicarse para entender lo que sucede. La clave está en experimentar.

♦ Observación reflexiva (RO): se aprende viendo y reflexionando sobre un hecho, se estimula la capacidad de ver los mismos hechos desde perspectivas diferentes. Se observa y se reflexiona.

---

[3]   La teoría de Kolb debe sus orígenes al pragmatismo filosófico de Dewey, a la psicología social de Lewin y al desarrollo cognitivo de Piaget (Kolb, 1984).

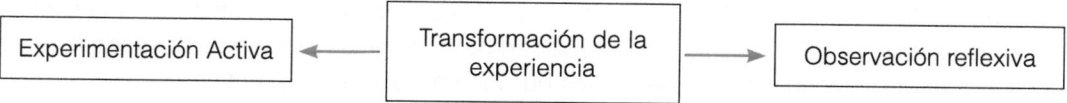

Y combinado ambas dimensiones tendríamos el ciclo de aprendizaje de Kolb:

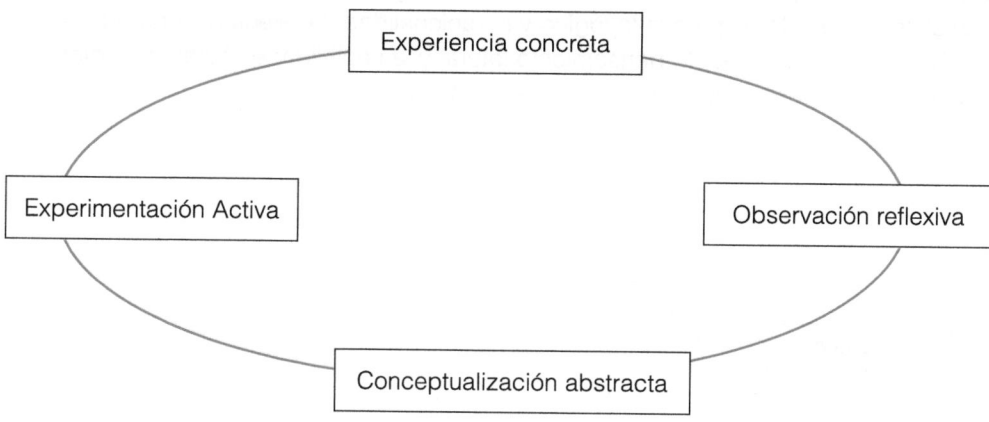

Un ciclo de aprendizaje que le permite a Kolb (1984) desarrollar el instrumento LSI *(Learning Style Inventory)* para identificar los estilos de las personas (convergente, acomodador, divergente y asimilador), para a partir de él, establecer estrategias personalizadas de aprendizaje.

Estilo convergente

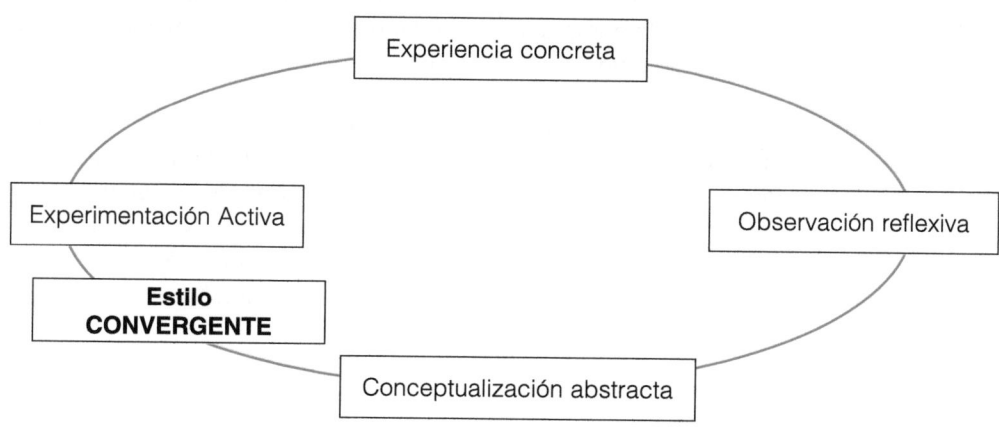

Las habilidades dominantes de este estilo son la conceptualización abstracta y la experimentación activa, es decir, que tienen la habilidad de resolver los problemas basándose en la teoría. Parten de la teoría y de las ideas y les buscan una aplicación práctica.

Los alumnos convergentes adaptan e integran las observaciones que realizan en teorías complejas y bien fundamentadas lógicamente. Piensan de forma secuencial y paso a paso, integrando hechos dispares en teorías coherentes. Les gusta analizar y sintetizar la información y su sistema de valores premia la lógica y la racionalidad. Se sienten incómodos con los juicios subjetivos, las técnicas de pensamiento lateral y las actividades faltas de lógica clara. La pregunta que quieren responder con el aprendizaje es ¿qué?

Estilo acomodador

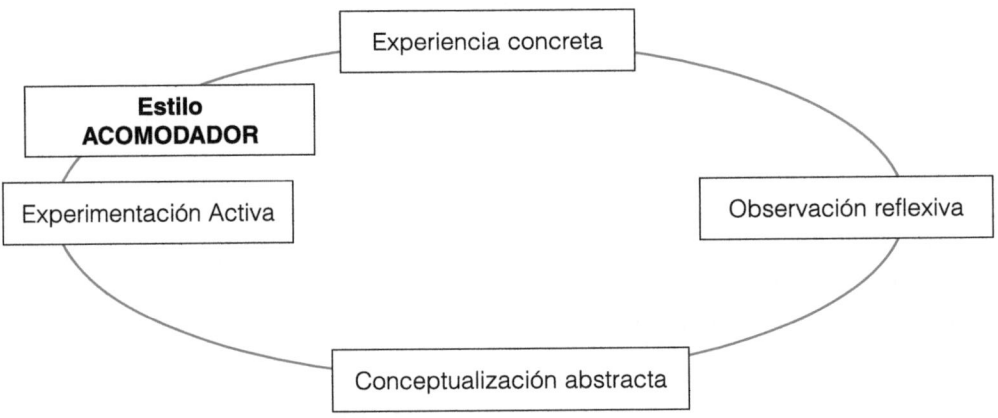

Las habilidades que predominan son la experimentación activa y la experiencia concreta. Tienen la capacidad de aprender de primera mano, prefieren la intuición a una reflexión lógica, ganan confianza al ver un ejemplo o una demostración.

A los alumnos acomodadores les gusta probar ideas, teorías y técnicas nuevas, y comprobar si funcionan en la práctica. Les gusta buscar ideas y ponerlas en práctica inmediatamente, les aburren e impacientan las largas discusiones sobre la misma idea de forma interminable. Son básicamente gente práctica a la que le gusta tomar decisiones y resolver problemas. Los problemas son un desafío y siempre están buscando una manera mejor de hacer las cosas. La pregunta que quieren responder con el aprendizaje es ¿qué pasaría si...?

Estilo divergente

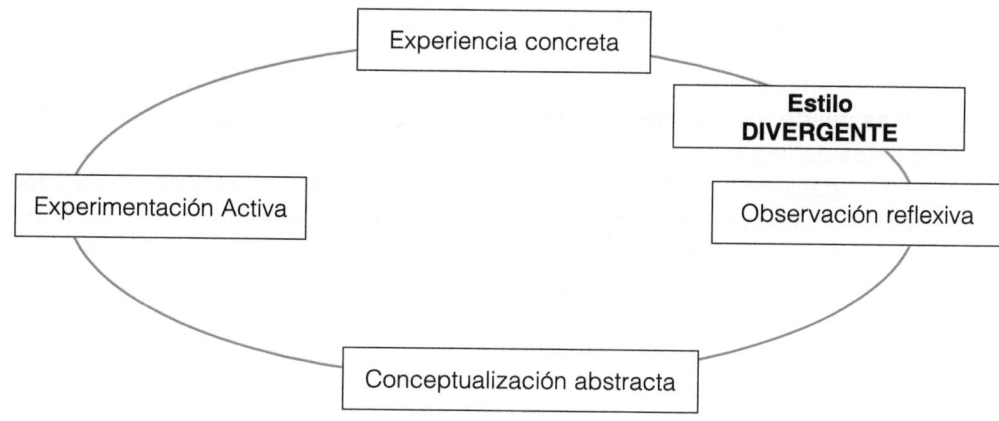

Sus habilidades principales son la experiencia concreta y la observación reflexiva. Parten de la información de situaciones concretas y reflexionan sobre ellas. Generan ideas y tienen una visión amplia sobre lo que hacen.

Los alumnos divergentes se involucran totalmente y sin prejuicios en las experiencias nuevas. Disfrutan el momento presente y se dejan llevar por los acontecimientos. Suelen ser entusiastas ante lo nuevo y tienden a actuar primero y pensar después en las consecuencias. Llenan sus días de actividades y tan pronto disminuye el encanto de una de ellas se lanzan a la siguiente. Les aburre ocuparse de planes a largo plazo y consolidar proyectos, les gusta trabajar rodeados de gente, pero siendo el centro de la actividad. La pregunta que quieren responder con el aprendizaje es ¿cómo?

Estilo asimilador

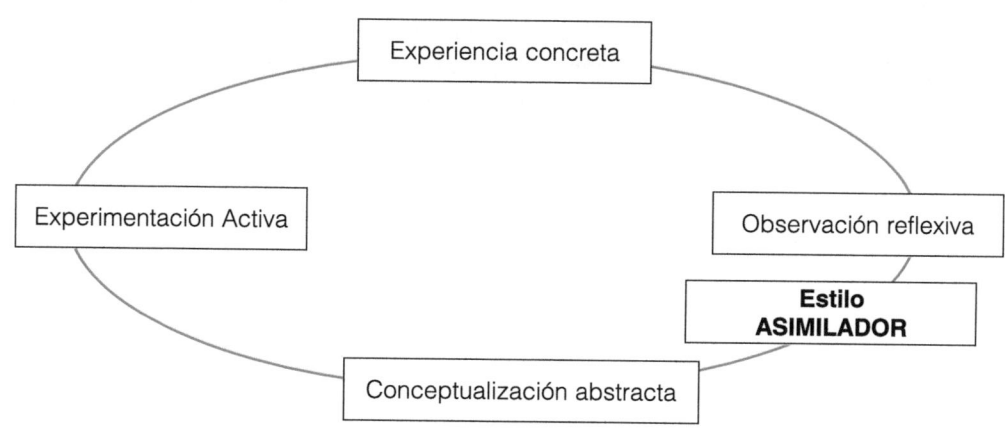

Las habilidades dominantes son la conceptualización abstracta y la observación reflexiva. Se centran en las ideas y en los conceptos, pero de forma teórica y reflexiva. Prefieren leer, investigar, buscar información, explorar y dan un alto valor a la importancia teórica.

Los alumnos asimiladores tienden a adoptar la postura de un observador que analiza sus experiencias desde muchas perspectivas distintas. Recogen datos y los analizan detalladamente antes de llegar a una conclusión. Para ellos lo más importante es esa recogida de datos y su análisis concienzudo, así que procuran posponer las conclusiones todo lo que pueden. Son precavidos y analizan todas las implicaciones de cualquier acción antes de ponerse en movimiento. En las reuniones observan y escuchan antes de hablar procurando pasar desapercibidos. La pregunta que quieren responder con el aprendizaje es ¿por qué?

Los cuatro estilos de aprendizaje serían los siguientes:

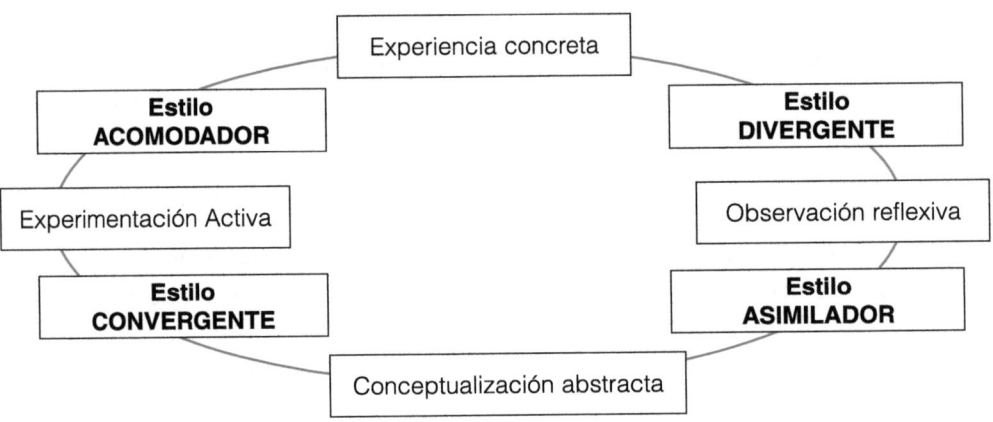

Partiendo de los estudios de David Kolb, Peter Honey y Alan Mumford (1986) se creó un cuestionario de Estilos de Aprendizaje centrado en el mundo empresarial, el LSQ *(Learning Styles Questionaire)* para comprobar por qué en el mismo contexto, una persona podía aprender y otra, no. La conclusión fue la misma que la de Kolb, que existían cuatro estilos de aprendizaje y las personas preferirían aprender de una forma o de otra, si bien, cambiaron el nombre de los estilos por: teóricos, pragmáticos, activos y reflexivos (Alonso y Gallego, 1995).

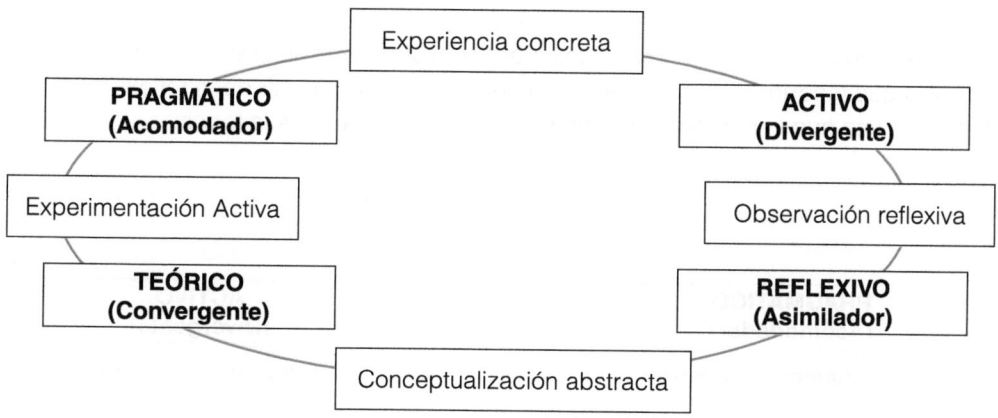

Para facilitar el entendimiento de cada estilo, podemos reconceptualizar las cuatro fases:

❑ **Experiencia concreta:** es la **acción**, el momento de actuar, de hacer algo.

❑ **Observación reflexiva:** es el **pensar**, el momento de replantearse lo que uno observa o hace.

❑ **Conceptualización abstracta:** es la ideación de una **teoría**, un sistema de ideas que tiene coherencia.

❑ **Experimentación activa:** es la puesta en **práctica** a modo de ejemplo y supervisada, controlada.

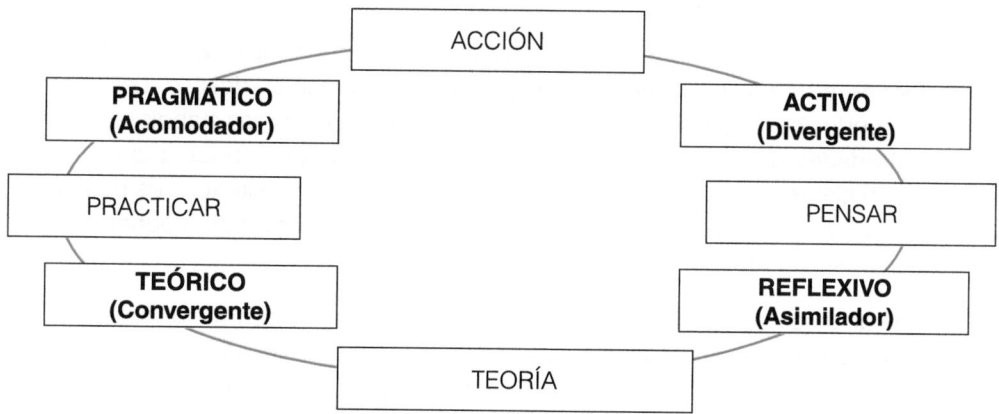

De esta forma, podemos entender que los teóricos tienen preferencia por conocer la teoría y después, llevarla a la práctica de una forma supervisada. Los pragmáticos prefieren partir una práctica, de un ejemplo de cómo hacer algo, para luego hacerlo ellos. Los activos quieren hacerlo ellos a su manera y después, pensar sobre lo que han hecho, lo que creen que está bien y lo que tendrían que cambiar. Los reflexivos prefieren partir de la reflexión de cómo lo harían y una vez que lo han pensado, compararlo con lo que dice la teoría.

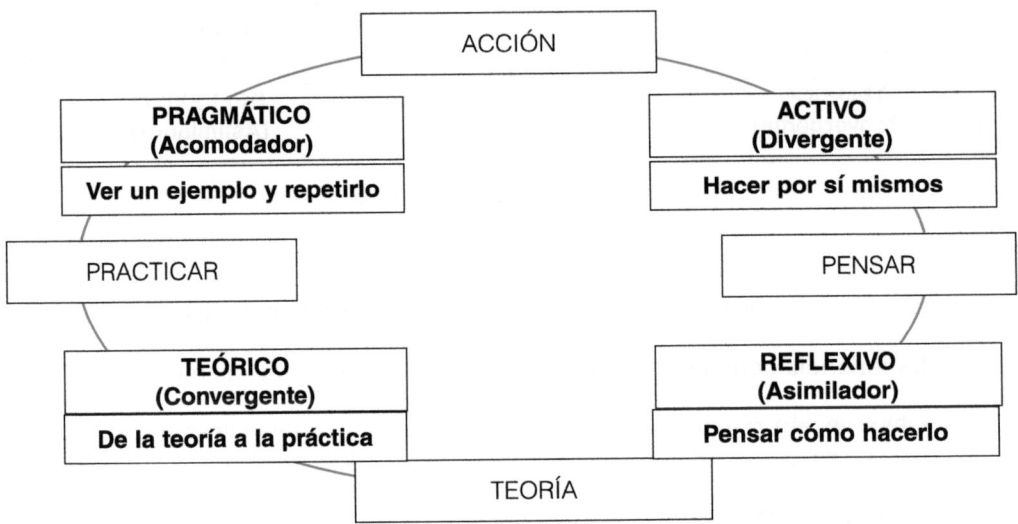

Una de las mayores aportaciones del modelo de David Kolb es que permite entender qué tipo de actividades son más interesantes para cada estilo de aprendizaje, por lo que facilita la adaptación del proceso de aprendizaje a cada persona y descubre las dificultades para aprender.

❑ Los adultos con estilo teórico (convergente) aprenden mejor a partir de modelos, teorías, sistemas con ideas y conceptos que presenten un desafío. Les gusta tener la oportunidad de preguntar e indagar. Pero les cuesta más trabajo aprender con actividades que impliquen ambigüedad e incertidumbre, en las que las reglas no estén claras o no se sepan los resultados esperados; en situaciones que enfaticen las emociones y los sentimientos entre personas y, sobre todo, cuando tienen que actuar sin un fundamento teórico.

❑ Los adultos con estilo pragmático (acomodador) aprenden mejor con actividades en las que ponen en práctica la teoría, cuando ven a los demás hacer algo y pueden replicarlo y, sobre todo, cuando pueden aplicar lo aprendido de forma inmediata. Les cuesta el aprendizaje cuando no es algo que cubra sus necesidades inmediatas o les parezca que no tiene una finalidad real.

❑ Los adultos con estilo activo (divergente) aprenden mejor cuando se lanzan a una actividad que les presente un desafío y pueden hacerla por sí mismos, sin tener que

escuchar teorías. Prefieren las actividades cortas con un resultado inmediato y que implique emoción. Por su parte, les cuesta más trabajo aprender cuando tienen que desempeñar un papel pasivo de observador o escucha.

❑ Los adultos con estilo reflexivo (asimilador) aprenden mejor a partir de observar, escuchar, comparar, investigar, reflexionar, prestar atención a todos los puntos que se puedan tratar y, posteriormente, sacar conclusiones. Les cuesta, en cambio, aceptar un aprendizaje basado en ejemplos concretos sin explicación teórica o una base lógica que los sustente, que las cosas se hagan de una determinada manera, sin que haya una explicación por detrás.

Por tanto, cada estilo se corresponde con un tipo de actividades preferidas para aprender:

ESTILO	ACTIVIDADES
Teórico (convergente)	Escuchar una teoría, ver un vídeo donde se explica cómo hacer algo, ver mapas, analizar gráficos...
Pragmático (acomodador)	Ver un ejemplo real, ver un vídeo en el que se haga algo (no tiene por qué explicarse lo que se hace), ver una simulación...
Activo (divergente)	Tomar la iniciativa, ponerse a trabajar, hacer, hablar, presentar ideas, exponer...
Reflexivo (asimilador)	Opinar, contrastar, reflexionar, establecer debates, investigar...

Una vez que ya hemos recordado lo aprendido sobre los estilos de aprendizaje, vamos a ver cómo se aplican en relación con las tutorías.

Como sabemos que toda persona puede aprender con los cuatro estilos, pero tiene preferencia por uno de ellos, el tutor debe de conocer ese estilo de aprendizaje de preferencia de cada alumno para adaptarse a él a la hora de responder preguntas académicas.

Veamos un ejemplo de respuesta a cada estilo de aprendizaje:

❑ A las personas de estilo teórico (convergente) hay que darles una explicación teórica y después un ejemplo práctico. Es decir, primero explicar el por qué y después explicar cómo se aplica.

Ejemplo

Pregunta: "Hola, Silvia. Me hago un lío con los términos de tutoría académica y tutoría de orientación, porque todas orientan. ¿Me lo puedes explicar? Gracias. Lucía."

Respuesta: "Hola, Lucía. Verás, se trata de una diferencia teórica. Hablamos de tutoría académica cuando la respuesta la puede ofrecer un experto en la materia. Mientras que una tutoría de orientación la puede hacer una persona responsable de un curso de formación o de una plataforma online. Por ejemplo, cuando preguntas sobre la diferencia entre dos conceptos como son la "tutoría académica" y la "tutoría de orientación", tiene que responderla alguien que conozca la materia. Por lo que estamos hablando de un tutor académico. Lo académico lo puedes relacionar con la materia, con los contenidos que hay que aprender. Si no requiere de un experto en la materia, estamos ante una tutoría de orientación. Muchas gracias. Silvia."

❑   A las personas de estilo pragmático (acomodador) hay que darles primero el ejemplo, la aplicación directa, algo que puedan comparar para ver si lo hacen bien.

Ejemplo

Pregunta: "Hola, Silvia. Me hago un lío con los términos de tutoría académica y tutoría de orientación, porque todas orientan. ¿Me lo puedes explicar? Gracias. Martín."

Respuesta: "Hola, Martín. Una tutoría académica es la que haces aquí, preguntar por un concepto que no entiendes. Cuando preguntamos por un concepto, una teoría o cómo hacer una actividad estamos ante una tutoría académica. Cuando preguntamos sobre el proceso de formación, la matrícula o cómo se usa una herramienta de la plataforma online hablamos de tutoría de orientación. Muchas gracias. Silvia."

❑   A las personas de estilo activo (divergente) hay que plantearles cómo lo harían o ejemplos desde otras disciplinas, hacer que participen del conocimiento imaginando soluciones y terminar con una respuesta concreta.

Ejemplo

Pregunta: "Hola, Silvia. Me hago un lío con los términos de tutoría académica y tutoría de orientación, porque todas orientan. ¿Me lo puedes explicar? Gracias. Mónica."

Respuesta: "Hola, Mónica. Imagínate que vas en un barco y te piden que te pongas en la proa. Si no sabes dónde es, tienes que preguntarlo. Saber lo que es la proa es un contenido académico, por tanto, cuando preguntamos sobre un significado o un concepto, estamos ante tutorías académicas. Imagínate que en lugar de decirte que te pongas en la proa, quisieras saber a dónde os lleva el barco. En ese sentido, estamos ante una pregunta de orientación. La tutoría académica es sobre contenidos que tienes que saber, el resto son tutorías de orientación".

❑ A las personas de estilo reflexivo (asimilador) hay que darles una explicación y añadir otras fuentes o comparaciones para que profundicen en el conocimiento.

Ejemplo

Pregunta: "Hola, Silvia. Me hago un lío con los términos de tutoría académica y tutoría de orientación, porque todas orientan. ¿Me lo puedes explicar? Gracias. Manuel."

Respuesta: "Hola, Manuel. La tutoría académica es aquella que da respuesta a un concepto que tenemos que saber o cómo realizar una actividad, mientras que las tutorías de orientación se dirigen al proceso de formación o a las herramientas de una plataforma. Es como ir al médico. Cuando vas al médico, puedes hacer preguntas al médico sobre lo que te pasa, que estarían relacionadas con la salud. Mientras que las preguntas sobre a dónde dirigirte, dónde está la consulta, pedir una cita, etc., las harías al punto de información del centro médico. Así que por un lado estarían las preguntas de salud y las preguntas de orientación. En formación, tenemos las preguntas dirigidas a los contenidos que serían académicas y las preguntas dirigidas a otros temas del curso de formación. Puedes buscar más comparaciones en otras profesiones, te animo a que lo hagas. Un saludo y gracias. Silvia."

El otro tipo de tutoría que podemos responder atendiendo a cada estilo, tiene que ver con el refuerzo del aprendizaje. En este sentido, tenemos que saber proponer actividades de acuerdo con cada estilo de preferencia.

Por ejemplo. Si partimos de la situación de una persona que tiene dificultad para diferenciar entre objetivos conceptuales, procedimentales y actitudinales y queremos reforzar este punto:

❑   A las personas de estilo teórico (convergente) hay que plantearles actividades en las que puedan escuchar una explicación o ver un vídeo sobre las diferencias entre objetivos.

❑   A las personas de estilo pragmático (acomodador) hay que mostrarles la solución directamente. Un ejemplo de cada objetivo.

❑   A las personas de estilo activo (divergente) les podemos poner ejercicios de correspondencia entre objetivos y a qué tipo se refieren. Aprenden con la acción, no con la explicación.

❑   A las personas de estilo reflexivo (asimilador) hay que abrirles un debate, una reflexión, que encuentren su forma propia de diferenciarlos.

3.4. Cuarta estrategia: utilizar técnicas de estudio

Podemos aplicar diferentes técnicas de estudio para aprender:

❑   **Leer/escuchar/observar.**

Es importante poner toda nuestra atención para comprender un texto o analizar una información visual o auditiva. Un primer acercamiento a la materia de estudio es leerla, escucharla o verla en su globalidad.

Ejemplo, leamos el siguiente texto:

El portfolio es una herramienta utilizada en el marco comercial para dar visibilidad a una serie de productos que sirvan de referencia al cliente para tomar una decisión. Por ejemplo, un fotógrafo tiene un portfolio que recoge los diferentes trabajos que ha realizado. El cliente, al ver el portfolio profesional es capaz de valorar la calidad de las fotos o el estilo y decidir si quiere contratar sus servicios.

En el mundo de la formación, también hemos generado una herramienta que registra los trabajos de cada alumno. Es decir, que cada alumno tiene un portfolio en el que acumula sus trabajos y el docente puede ver la calidad de los trabajos realizados en su conjunto.

Imaginemos que impartimos un curso de PowerPoint y cada alumno tiene que ir haciendo diferentes presentaciones. Si se van recogiendo todas ellas en un portfolio, al final se puede ver la evolución de cada uno, desde las primeras presentaciones hasta las últimas.

Por tanto, el portfolio educativo es una herramienta de evaluación del desarrollo de las capacidades de nuestros alumnos centrado en recoger las actividades que realizan a lo largo del tiempo. Y este portfolio puede ser físico o digital.

❏ **Subrayar.**

La base del conocimiento es extraer la esencia de lo que estamos estudiando, el núcleo, lo importante. Cuando subrayamos, estamos sintetizando la información, no eliminándola. Tenemos que saber diferenciar cuál es la información importante y cuál es la información secundaria o complementaria.

Ejemplo, subrayamos lo que creemos fundamental en el texto:

El portfolio es una herramienta utilizada en el marco comercial para <u>dar visibilidad a una serie de productos</u> que sirvan de referencia al cliente para tomar una decisión. Por ejemplo, un fotógrafo tiene un portfolio que recoge los diferentes trabajos que ha realizado. El cliente, al ver el portfolio profesional es capaz de <u>valorar la calidad de las fotos o el estilo</u> y decidir si quiere contratar sus servicios.

En el mundo de la formación, también hemos generado una herramienta que registra los trabajos de cada alumno. Es decir, que <u>cada alumno tiene un portfolio en el que acumula sus trabajos y el docente puede ver la calidad de los trabajos realizados en su conjunto.</u>

Imaginemos que impartimos un curso de PowerPoint y cada alumno tiene que ir haciendo diferentes presentaciones. Si se van recogiendo todas ellas en un portfolio, al final se puede ver la evolución de cada uno, desde las primeras presentaciones hasta las últimas.

Por tanto, el portfolio educativo es <u>una herramienta de evaluación del desarrollo de las capacidades de nuestros alumnos</u> centrado en recoger las actividades que realizan a lo largo del tiempo. Y este portfolio <u>puede ser físico o digital.</u>

❏ **Resumir.**

Nadie mejor que tú sabe lo que significa para ti lo que estás estudiando. Por tanto, lo mejor es decirlo con tus palabras y demostrar que lo estás entendiendo, hacer tus propios resúmenes:

Ejemplo, resumamos la información anterior:

El portfolio es una herramienta de evaluación del desarrollo de las capacidades de nuestros alumnos que recoge todas las actividades que han realizado a lo largo del curso y puede ser físico o digital.

☐   **Realiza tu esquema o mapa mental.**

Es el momento de organizar las principales ideas de lo que tenemos que aprender. Podemos hacer uso de un esquema, de un mapa conceptual, de un mapa mental o de dibujos, pero lo importante es que anclemos una estructura de las ideas.

Ejemplo, hagamos un esquema:

1. Portfolio

   a. ¿Qué es? Una herramienta de evaluación.

   b. ¿Cómo? Recoge todas las actividades realizadas por el alumno a lo largo del curso.

   c. ¿En qué soporte? Físico o digital.

☐   **Memorizar.**

A veces hay palabras que son difíciles de recordar por lo que usamos reglas mnemotécnicas asociando ideas. Bien sea, siguiendo la lógica de una historia, bien utilizando iniciales:

Ejemplo, asociemos ideas:

Portfolio es una palabra poco habitual. Puedo olvidarme de ella, pero sé que se compone de dos partes: Port + folio. "Port" es similar a "Puerto" y folio sí es una palabra habitual. Puerto y folio. Cuando un folio llega a un puerto. Puedo hacer uso de la siguiente historia estableciendo una asimilación de ideas entre un folio y un crucero. Cuando un folio (crucero) llega al puerto de una ciudad, la gente se acerca a verlo y valorarlo. De la misma forma, cuando el folio (actividades) llega al docente (puerto), este puede valorarlo. El portfolio es llevar las actividades al puerto del docente.

Ejemplo, asociemos iniciales:

El esquema del que quiero acordarme es 1) ¿Qué es?, 2) ¿Cómo? Y 3) ¿En qué soporte? Si escojo la primera letra de cada pregunta, solo tengo que recordar un conjunto de iniciales: "QCE"

Se puede variar y escoger las primeras palabras, por ejemplo: ¿Qué cómo en? Con acordarme de la expresión "¿qué cómo en?" ya tendría memorizado las tres partes del esquema.

❑ **Cuadros comparativos.**

Una técnica que facilita el aprendizaje es la comparación o la elaboración de fichas.

Ejemplo, hagamos un cuadro comparativo:

HERRAMIENTA DE EVALUACIÓN	TIEMPO	¿QUÉ EVALÚA?
Portfolio.	Se realiza durante todo el curso.	Permite comparar la evolución.
Actividad.	Se realiza un día puntual.	Permite ver los logros del momento.
Examen.	Se realiza un día puntual.	Permite ver los logros del momento.

❑ **Realiza test de conocimientos.**

Una forma habitual para comprobar el conocimiento teórico de lo que estamos aprendiendo es la realización de un test de conocimientos, que permita demostrar que sabemos de lo que estamos hablando.

Ejemplo, hagamos un test:

1. Un portfolio es:

a) Una herramienta de evaluación.

b) Un sistema de evaluación.

c) Una metodología de evaluación.

Respuesta correcta: la a)

❑ **Ejercicios prácticos.**

Otra de las formas habituales para saber si estamos aprendiendo es poner en práctica el conocimiento.

Ejemplo, pongamos una actividad:

En el supuesto de que tengas que impartir un curso del uso de PowerPoint para realizar presentaciones, cómo utilizarías un portfolio.

Respuesta: a lo largo del curso, habría que desarrollar diez presentaciones. Cada presentación se recogería en un portfolio individual de cada alumno, de forma que al final del curso, sirviera cada portfolio para ver la evolución.

4. La comunicación online

Para la comunicación online es necesario conocer las diferentes herramientas que nos podemos encontrar en una plataforma de formación:

❑ **Mensajería/Correo electrónico.**

La mensajería o el correo electrónico es el medio más utilizado para la comunicación con los alumnos. A través del servicio de mensajería se contestan y resuelven la mayoría de las dudas que se plantean por parte de los alumnos y es la principal herramienta para asumir un rol proactivo al mandar preguntas directas sobre la situación de cada alumno.

Normalmente, existe un periodo de respuesta (máximo de 48 horas) para que los alumnos se sientan atendidos.

Las principales ventajas son que permite una comunicación privada, no requiere abrir los mensajes en el momento en que se mandan, sino que se puede organizar su apertura y que permite adjuntar documentos.

❑ **Foro.**

El foro es un sistema que permite abrir temas o también llamados "hilos de conversación". En cada tema se van dando respuestas que quedan registradas por orden y permite compartir conocimientos e información entre varias personas.

Dicho sistema suele estar organizado en categorías para que los alumnos sepan a dónde dirigirse.

❑ **Chat.**

El chat es un servicio de mensajería instantánea que permite celebrar una conversación entre personas de forma virtual.

❑ **Videoconferencia.**

La videoconferencia es una comunicación audiovisual entre varias personas a través de las nuevas tecnologías. En ellas se puede mantener una conversación con las personas e introducir presentaciones, vídeos o documentación y usar una pizarra para explicaciones.

❑ **Tablón de anuncios.**

El tablón de anuncios en una plataforma de formación nos sirve para adjuntar las noticias académicas que consideremos más relevantes.

❑ **FAQ** *(Frequently Asked Questions).*

Las FAQ son las preguntas frecuentes. En las plataformas de formación aparece un espacio destinado a las preguntas frecuentes que formulan los alumnos y una misión como tutores es mantener este espacio actualizado.

5. La figura del tutor presencial y tutor en línea

5.1. Estrategias y estilos de tutoría

Veamos a continuación las principales estrategias de las tutorías presenciales e individuales.

5.1.1. Tutoría presencial individual: la entrevista

La entrevista de tutoría tiene que favorecer el conocimiento mutuo entre las partes, es decir, que como tutores conozcamos a nuestros alumnos y que nuestros alumnos nos conozcan a nosotros.

Por otra parte, las tutorías individuales tienen que servir para clarificar y resolver problemas individuales respecto a los contenidos o el proceso del curso.

No se trata de realizar una entrevista con el alumno informal, sino de tener planeada la entrevista en fases:

1. **Fase previa:** reunir la información necesaria para preparar la entrevista. Necesitamos datos como el nombre de la persona, su experiencia laboral o el registro de tutorías que hayamos tenido con esa persona para realizar la entrevista con mejor disposición. A partir de ahí, establecer el objetivo de la entrevista: objetivo del curso, motivación, resolución de dudas…

2. **Fase de desarrollo:** la entrevista transcurre siguiendo el siguiente procedimiento:

   a) Saludo y creación de un clima agradable.

   b) Apertura: explicar el motivo de la entrevista y la confidencialidad de todo lo tratado.

   c) Desarrollo: entender al alumno y centrarse en darle solución a las dudas que plantea.

d) Cierre de la entrevista: se trata de llegar a la aclaración de las dudas o de llegar a acuerdos con el alumno si se trata de realizar alguna actividad especial.

3. **Fase de seguimiento:** la tutoría no acaba en el momento de la despedida, sino que hay que validar si se cumplen las acciones que se hayan acordado.

La sugerencia principal es que las entrevistas se desarrollen en un ambiente cordial y que estén preparadas para que no haya problemas en su desarrollo. El vocabulario se tiene que adaptar al alumno y facilitarle su proceso de aprendizaje.

5.1.2. Tutoría presencial en grupo: reunión y puesta en común

La tutoría en grupo es una acción para determinar la fase en la que está el grupo y cómo la está viviendo cada alumno.

Al igual que la tutoría individual, existen tres fases:

1. **Fase previa:** reunir la información necesaria del grupo y preparar el objetivo de grupo: unir al grupo, resolver dudas, cohesionar y solucionar conflictos, preparar la despedida del grupo.

2. **Fase de desarrollo:** la reunión transcurre siguiendo el siguiente procedimiento:

a) Saludo y creación de un clima agradable.

b) Apertura: explicar el motivo de la reunión y la confidencialidad de todo lo tratado.

c) Desarrollo: entender al grupo y a cada uno de los alumnos, centrarse en dar solución a las dudas que se plantean o realizar actividades en grupo.

d) Cierre de la reunión: se trata de llegar a la aclaración de las dudas o de llegar a acuerdos con el grupo si se trata de realizar alguna actividad especial.

3. **Fase de seguimiento:** la tutoría no acaba en el momento de la despedida, sino que hay que validar si se cumplen las acciones que se hayan acordado.

Durante las reuniones de grupo es importante generar un espacio de cooperación y compartir responsabilidades entre los miembros del grupo.

5.1.3. Tutoría online individual: mensajería

La estrategia más utilizada en la formación online a nivel individual es la mensajería. Por un lado, dar respuesta a los mensajes que recibimos los tutores para aclarar dudas académicas o de orientación, pero, por otro lado, los mensajes que podemos iniciar los tutores.

Así, podemos utilizar mensajes para diferentes fines:

❑ Mensajes de ánimo y apoyo al estudio.

❑ Mensajes de aclaración de ejercicios antes de que se realicen. También se puede utilizar el espacio de "tablón de anuncios o noticias académicas".

❑ Mensajes de resumen de los contenidos estudiados.

5.1.4. Tutoría online en grupo: videoconferencia o chat

La tutoría en grupo online es similar a la tutoría presencial, solo que la utilizamos a través de videoconferencia o chat. Por tanto, es una acción para determinar la fase en la que está el grupo y cómo la está viviendo cada alumno.

Y al igual que la tutoría presencial, consta de tres fases:

1. **Fase previa:** reunir la información necesaria del grupo y preparar el objetivo de grupo: unir al grupo, resolver dudas, cohesionar y solucionar conflictos, preparar la despedida del grupo.

2. **Fase de desarrollo:** la reunión transcurre siguiendo el siguiente procedimiento:

   a) Saludo y creación de un clima agradable en la videoconferencia/chat.

   b) Apertura: explicar el motivo de la videoconferencia/chat y la confidencialidad de todo lo tratado.

   c) Desarrollo: entender al grupo y a cada uno de los alumnos, centrarse en dar solución a las dudas que se plantean o realizar actividades en grupo.

   d) Cierre de la reunión: se trata de llegar a la aclaración de las dudas o de llegar a acuerdos con el grupo si se trata de realizar alguna actividad especial.

3. **Fase de seguimiento:** la tutoría no acaba en el momento de la despedida, sino que hay que validar si se cumplen las acciones que se hayan acordado.

Durante las videoconferencias/chat de grupo es importante generar un espacio de cooperación y compartir responsabilidades entre los miembros del grupo. Para que el chat sirva como herramienta de tutoría, tendremos que hacer de dinamizadores del mismo:

❑ Moderación: es importante asumir la responsabilidad de moderar el chat, dando turnos de palabra y centrando el tema del que se habla. Lo normal es que, con las diferentes aportaciones del grupo, el tema central vaya derivando hacia otros temas, lo que requerirá por nuestra parte dar un giro a la conversación y volver a centrar el tema principal.

❑ Normas: como tutores debemos de hacer cumplir las normas de comportamiento básicas entre los participantes.

❏ Resúmenes: como el tratar un tema a través de pequeños mensajes puede ir haciendo un efecto amplificador de la información, es necesario generar un cierre de cada tema del que se habla haciendo un resumen del mismo.

❏ Animación: es necesario incentivar la participación de los alumnos en el chat, por lo que, en ocasiones, nos tocará asumir el rol de animador del mismo. Normalmente, haciendo preguntas que inciten a responder a los alumnos, otras veces, dirigiéndonos directamente a uno de ellos.

Es posible que tengamos que facilitar a los alumnos una guía de normas básicas para el uso del chat como las siguientes:

❏ Llega al chat cinco minutos antes para evitar que haya problemas técnicos y de conexión.

❏ Al iniciar el chat, teclea un saludo al grupo por educación y para ver que funciona correctamente.

❏ Utiliza expresiones claras para que te entiendan.

❏ Participa con tu opinión, pero escribe respetando a todos.

❏ Puedes hacer uso de emoticonos, siempre que añadan información a tu comentario, como, por ejemplo, para indicar el tono en que dices un mensaje puedes utilizar una cara sonriente, seria o enfadada.

❏ Sé respetuoso con las opiniones de tus compañeros.

❏ No escribas todo el texto en mayúsculas, ya que se entiende que el uso de palabras en mayúsculas es para gritar.

❏ Evita abreviar palabras porque no todo el mundo entiende las mismas abreviaturas.

❏ Si quieres tomar la palabra ante la explicación del tutor, es frecuente usar el símbolo "@" en el chat y esperar a que sea el tutor el que nos ceda la palabra.

❏ Respeta el tiempo y el ritmo de todo el grupo, así que ten paciencia.

❏ Al salir del chat, despídete de los compañeros y del profesor de forma respetuosa.

5.2. Roles: activo, proactivo y reactivo

Existen tres roles generales entre los tutores:

❏ **Tutor reactivo:** es el que espera a que un alumno solicite una tutoría presencial o que espera a las preguntas por parte de los alumnos. Es frecuente en grupos altamente motivados y autónomos.

❑ **Tutor activo:** es el tutor el que solicita que los alumnos acudan a una tutoría individual o en grupo. Promueve el uso de las tutorías para validar el proceso de aprendizaje de cada alumno y el estado del grupo.

❑ **Tutor proactivo:** es el tutor que se adelanta a posibles situaciones, que realiza tutorías por su iniciativa, que lanza preguntas individuales para conocer la situación de los alumnos y del grupo.

Ahora bien, son roles puntuales. La estrategia de tutorización tiene que ser flexible e ir adaptando el rol que le marca la situación.

Nota

Es posible que en determinados momentos tengamos que asumir un papel reactivo, estando a la espera para darle la iniciativa a los alumnos; pero en otras ocasiones, tendremos que asumir un papel activo e incluso proactivo.

5.3. Funciones del tutor

Los tutores tenemos dos tipos de funciones: la función académica y la de orientación. Pero de cada una de ellas, podemos extraer funciones generales y específicas. Así, de la función académica podemos extraer un apartado dedicado a las funciones organizativas; y de la función de orientación podemos extraer un apartado de funciones técnicas.

De forma que las funciones de los tutores son:

1. **Función académica:**

   a) Función general:

   ◊ Realizar tutorías individuales y en grupo.

   ◊ Clarificar y explicar los contenidos del curso.

   ◊ Dar feedback de las actividades realizadas por los alumnos.

   ◊ Asegurarse de que los alumnos están alcanzando el nivel deseado.

   ◊ Diseñar actividades de acuerdo al estilo de aprendizaje de cada alumno.

   ◊ Dinamizar las tutorías grupales motivando a que participen los alumnos.

   ◊ Evaluar al grupo y a cada participante para conocer sus necesidades.

   b) Función organizativa:

   ◊ Dar la bienvenida a los alumnos al curso.

◊   Explicar las normas de funcionamiento del grupo dentro del aula o dentro de una plataforma online.

◊   Organizar temporalmente las tutorías.

◊   Mantener contacto con el resto del equipo docente y directivo de la organización.

2.   **Función orientadora:**

   a)   Función general:

◊   Dar recomendaciones y consejos para llevar mejor el proceso de enseñanza-aprendizaje.

◊   Verificar el ritmo de aprendizaje de los alumnos.

◊   Informar a los alumnos del progreso en el curso de formación.

◊   Motivar a los alumnos para que sigan adelante con el proceso.

   b)   Función técnica:

◊   Gestionar los grupos de aprendizaje.

◊   Validar el funcionamiento de las diferentes herramientas de una plataforma online.

◊   Resolver dudas sobre el uso de herramientas online.

◊   Mantenerse en contacto con los administradores de la plataforma online.

5.4.   Habilidades tutoriales

Entre las habilidades que tenemos que desarrollar como tutores están las siguientes:

❑   **Habilidad para la escucha activa:** para comprender a los alumnos no es suficiente con oírlos, hay que tener una escucha activa, centrados en lo que nos dicen. No podemos suponer, dar por hecho o seleccionar la información, sino que tenemos que escucharles de forma activa para llegar a entender su situación.

❑   **Habilidad de empatía:** debemos tener una mentalidad abierta para situarnos en los zapatos de nuestros alumnos, ver cómo ven ellos su proceso de aprendizaje, sus emociones, lo que sienten. Solo a partir de esa situación, podremos actuar como orientadores y que la tutoría les sirva de ayuda.

❑ **Habilidad para la comunicación:** para relacionarnos con los alumnos es indispensable una buena comunicación, claridad en nuestros mensajes, orden en lo que comunicamos, uso de ejemplos aclaratorios y facilidad para adaptar nuestro vocabulario a cada persona.

❑ **Habilidad para la comunicación online:** en el contexto de la formación online, es necesario que tengamos habilidades para comunicarnos por texto, ya sea en correos, mensajes o un chat, como comunicarnos a través de una cámara web.

❑ **Habilidad de flexibilidad:** debemos ser capaces de adaptarnos a las necesidades y circunstancias de cada alumno. A veces, negociaremos ciertos aspectos de un curso como, por ejemplo, la entrega de una actividad. A veces, nos tocará ceder, pero no siempre se puede ceder. En otros momentos nos tocará marcar autoridad. Es decir, debemos ser flexibles y manejar las cuatro respuestas ante los conflictos que puedan ir surgiendo: evitar, aceptar, negociar o marcar autoridad.

❑ **Habilidad crítica:** debemos ser capaces de pensar con criterio, aceptar las opiniones y críticas de los alumnos para comprenderlas. Ser críticos no significa enjuiciar o valorar negativamente a los alumnos, sino tener criterio para pensar. A veces, una opinión de un alumno está movida por un sentimiento de estrés o de enfado, por lo que debemos saber reaccionar con criterio y contestar con cordialidad.

5.5. Organización y planificación de las acciones tutoriales

Además del plan de acción tutorial desarrollado por la organización, como tutores nos responsabilizaremos de las acciones concretas. Es decir, tenemos que saber organizar y planificar acciones tutoriales.

En formación presencial, podemos partir del siguiente esquema:

FORMACIÓN PRESENCIAL			
Tutoría.	Al inicio de la formación.	Durante el desarrollo de la formación.	Al final de la formación.
Individual.	Entrevista. ¿Qué objetivo? ¿Cuándo?	Entrevista. ¿Qué objetivo? ¿Cuándo?	Entrevista. ¿Qué objetivo? ¿Cuándo?
En grupo.	Reunión de grupo. ¿Qué objetivo? ¿Cuándo?	Reunión de grupo. ¿Qué objetivo? ¿Cuándo?	Reunión de grupo. ¿Qué objetivo? ¿Cuándo?

Existen tres tiempos en los que podemos hacer una tutoría: al inicio de la formación, durante el proceso de formación o una vez terminada la formación.

Tenemos que establecer el estilo de tutoría a realizar, si es individual (entrevista) o en grupo (reunión), para qué celebrarla (¿cuál es el objetivo?) y cuándo, en qué fecha en concreto la vamos a celebrar.

En formación online, el cuadro sería similar:

FORMACIÓN ONLINE			
Tutoría.	Al inicio de la formación.	Durante el desarrollo de la formación.	Al final de la formación.
Individual.	Mensaje. ¿Qué objetivo? ¿Cuándo?	Mensaje. ¿Qué objetivo? ¿Cuándo?	Mensaje. ¿Qué objetivo? ¿Cuándo?
En grupo.	Chat/Videoconferencia ¿Qué objetivo? ¿Cuándo?	Chat/Videoconferencia ¿Qué objetivo? ¿Cuándo?	Chat/Videoconferencia ¿Qué objetivo? ¿Cuándo?

En este caso, las herramientas a utilizar son la mensajería, el chat y la videoconferencia, pero es necesario que las organicemos temporalmente.

5.6. Coordinación de grupos. Búsqueda de soluciones

La coordinación de grupos requiere habilidades para la dirección de reuniones y la búsqueda de soluciones en grupo.

Los principales consejos para asimilar esta tarea como docentes son:

1. **Antes de la reunión.** Tener toda la información del grupo a nuestra disposición y crear un plan de cómo va a ser la reunión y los puntos a tratar.

2. **Durante la reunión**, debemos:

    a) Comenzar siempre a tiempo.

    b) Dedicar los primeros minutos a aclarar el objeto de la reunión.

    c) Dar paso a cada punto a tratar abriendo el tema y cerrándolo. No dejar un tema sin cerrar. Se puede cerrar por consenso, por mayoría o por autoridad, pero hay que cerrarlos.

d)   No dejar que el tema se extienda a otros temas sin importancia.

e)   Hacer respetar las normas de cortesía y de comportamiento entre personas adultas.

3.   **Antes de finalizar la reunión** hacer un resumen de los puntos clave y agradecer a los participantes sus aportaciones.

Ahora bien, debemos tener en cuenta que cada alumno asumirá un rol dentro del grupo, para lo que nos sirve tener presente el estudio de Belbin sobre los roles[4].

Belbin establece nueve roles: roles sociales (investigador, cohesionador y coordinador), roles mentales (cerebro, evaluador y especialista) y roles de acción (impulsor, implementador y finalista).

Cada rol tiene una fortaleza que sirve de contribución al desarrollo del grupo, pero también presenta debilidades a las que debemos de saber dar respuesta como docentes.

Esta teoría ya la hemos estudiado, pero la vamos a recordar:

Investigador de recursos:

FORTALEZA	DEBILIDAD	ACTUACIÓN
Extrovertido, entusiasta, comunicativo. Busca oportunidades de aprendizaje. Desarrolla las relaciones con el resto de los compañeros.	Puede ser muy original y activo a la hora de iniciar un proyecto, pero puede no darle seguimiento.	Validar su capacidad de iniciar proyectos y dar propuestas, pero valorar con él que las termine.

Cohesionador

FORTALEZA	DEBILIDAD	ACTUACIÓN
Cooperador, perceptivo, diplomático. Escucha e impide los conflictos entre compañeros.	Puede ser indeciso y no dar su opinión para evitar la confrontación.	Reconocer su capacidad de tolerancia con los compañeros. Atender de forma individual a sus opiniones si fueran diferentes a las del grupo.

---

4   La investigación se basó en realizar tres juegos de simulación de negocios al año durante diez años, teniendo en cuenta todas las variables que caracterizan a los problemas que se dan en la toma de decisiones en un entorno empresarial.

Coordinador:

FORTALEZA	DEBILIDAD	ACTUACIÓN
Maduro, seguro de sí mismo. Conoce a sus compañeros, establece metas y organiza al equipo.	Se puede percibir en algunos momentos como manipulador o descargar su trabajo en los demás.	Reconocer su capacidad de organización, pero no dejar que su trabajo lo hagan los demás.

Cerebro:

FORTALEZA	DEBILIDAD	ACTUACIÓN
Creativo, imaginativo. Genera ideas y resuelve problemas.	Puede distraerse o quedarse abstraído con una de las ideas trabajadas.	Reconocer su capacidad de generación de ideas y buscar estímulos para generarle atención.

Evaluador:

FORTALEZA	DEBILIDAD	ACTUACIÓN
Perspicaz, serio, estratega. Percibe todas las opciones y juzga con exactitud.	Puede ser excesivamente crítico y lento a la hora de tomas decisiones.	Valorar su capacidad crítica y hacer que sea constructiva.

Especialista:

FORTALEZA	DEBILIDAD	ACTUACIÓN
Entregado, independiente. Aporta conocimientos específicos.	Puede contribuir en campos específicos e inhibirse en otros temas.	Aprovechar su conocimiento, pero evitar que sature de información al grupo.

Impulsor:

FORTALEZA	DEBILIDAD	ACTUACIÓN
Retador, dinámico, trabaja bien bajo presión. Tiene iniciativa y coraje para superar obstáculos.	Puede provocar a los demás e, incluso, llegar a ofenderlos.	Reconocer su capacidad de acción, pero evitar que se vuelva agresivo o malhumorado por conseguir llegar a sus metas.

Implementador:

FORTALEZA	DEBILIDAD	ACTUACIÓN
Práctico, genera confianza y es eficiente. Transforma las ideas en acciones y organiza el trabajo que debe hacerse.	Puede ser inflexible y no aceptar nuevas ideas que choquen con lo que ha planificado.	Aprovechar su capacidad de trabajo y favorecer que vea otras opciones a las suyas.

Finalizador:

FORTALEZA	DEBILIDAD	ACTUACIÓN
Esmerado, ansioso. Perfeccionista, pule los errores.	Puede tender a preocuparse en exceso por el trabajo o por que quede perfecto.	Reconocer su precisión, pero reducir su perfeccionismo extremo.

Cada rol tiene sus fortalezas, que se convierten en contribuciones al grupo; pero también, sus debilidades, que debemos de tener en cuenta para que no se rompan las relaciones del grupo.

Atendiendo a la teoría de roles de Belbin, sabemos cómo actuar de forma general con cada uno de nuestros tutorizados, favoreciendo sus puntos fuertes y vigilando sus debilidades, que se muestran como una amenaza para el grupo.

5.7. Supervisión y seguimiento del aprendizaje tutorial

Finalmente, como tutores debemos hacer un seguimiento del aprendizaje de los alumnos, ya sea presencial o a través de una plataforma online.

Lo que tenemos que valorar es:

❑ **A nivel individual:** por una parte, tenemos que valorar la motivación de los alumnos, si el ritmo de aprendizaje es el adecuado, si se progresa con los conocimientos o se requiere de un refuerzo, el manejo de herramientas de la plataforma de formación, etc. Y, por otra parte, tenemos que evaluar los conocimientos y registrarlos en un expediente académico.

❑ **A nivel de grupo:** como tutores tenemos que conseguir generar un clima agradable para la formación, ver en qué situación de grupo se encuentran y favorecer la toma resolución de conflictos que se puedan dar a lo largo del proceso.

Resumen

En esta unidad hemos visto las diferentes modalidades de formación y las que se permiten en la formación profesional para el empleo: modalidad presencial, modalidad de teleformación y modalidad mixta.

La visión de estas modalidades nos ha permitido entender el avance de la formación online y la importancia del concepto de tutoría como apoyo al proceso de aprendizaje.

Se puede definir la acción tutorial como la interacción entre el tutor y los alumnos para facilitar el proceso de aprendizaje y orientar al alumnado.

El plan tutorial engloba el conjunto de acciones de tutorización para favorecer la integración de los alumnos en el proceso de aprendizaje.

Existen tanto las tutorías individuales como en grupo: las tutorías individuales se realizan de forma presencial mediante entrevista y en modo online a través de mensajería. Mientras que las tutorías en grupo se realizan de forma presencial mediante reuniones de grupo y en modo online a través de videoconferencia o chat.

Cuando hablamos de tipos de tutoría nos referimos principalmente a dos: tutorías académicas y tutorías de orientación.

La tutoría académica está centrada en los contenidos a desarrollar en el certificado de profesionalidad y la metodología docente. La misión del tutor es favorecer el aprendizaje, la comprensión de los conceptos y procedimientos que tiene que saber el alumno y adaptar la metodología docente al mismo.

Las tutorías de orientación no se centran en la materia, sino que se centran en otras partes del proceso de enseñanza-aprendizaje como es valorar la situación actual del alumno o resolver problemas administrativos o con las herramientas de una plataforma de formación online. El objetivo de este tipo de tutorías es que el alumno adquiera mayor autonomía para la toma de decisiones.

Aprender es una habilidad natural de la persona, pero existen una serie de estrategias que facilitan el aprendizaje: estar sanos, tener fuerza de voluntad, conocer tu estilo de aprendizaje y utilizar técnicas de estudio.

Respecto a la formación online es importante que conozcamos las diferentes herramientas de comunicación que nos ofrece como la mensajería, el correo electrónico, el foro, el chat, la videoconferencia, el tablón de anuncios o las preguntas frecuentes.

En cuanto al tutor, debemos de conocer los tres roles que podemos adoptar. Un rol pasivo para dar respuesta a los alumnos, un rol activo para promover el uso de las tutorías o un rol proactivo para anticiparse a las situaciones que se puedan producir.

Entre las habilidades que tenemos que desarrollar como tutores están: la escucha activa, la empatía, la comunicación, la comunicación online, la flexibilidad y la crítica.

Además del plan acción tutorial desarrollado por la organización, como tutores nos responsabilizaremos de las acciones concretas. Es decir, tenemos que saber organizar y planificar acciones tutoriales.

Glosario

- **Acción tutorial:** interacción entre el tutor y los alumnos para facilitar el proceso de aprendizaje y orientar al alumnado.

- **Chat:** es un servicio de mensajería instantánea que permite celebrar una conversación entre personas de forma virtual.

- **Estilo de aprendizaje acomodador (pragmático):** las habilidades que predominan son la experimentación activa y la experiencia concreta. Tienen la capacidad de aprender de primera mano, prefieren la intuición a una reflexión lógica, ganan confianza al ver un ejemplo o una demostración.

- **Estilo de aprendizaje asimilador (reflexivo):** las habilidades dominantes son la conceptualización abstracta y la observación reflexiva. Se centran en las ideas y en los conceptos, pero de forma teórica y reflexiva. Prefieren leer, investigar, buscar información, explorar y dan un alto valor a la importancia teórica.

- **Estilo de aprendizaje convergente (teórico):** las habilidades dominantes de este estilo son la conceptualización abstracta y la experimentación activa, es decir, que tienen la habilidad de resolver los problemas basándose en la teoría. Parten de la teoría y de las ideas y les buscan una aplicación práctica.

- **Estilo de aprendizaje divergente (activo):** sus habilidades principales son la experiencia concreta y la observación reflexiva. Parten de la información de situaciones concretas y reflexionan sobre ellas. Generan ideas y tienen una visión amplia sobre lo que hacen.

- **Estilos de tutoría:** pueden ser individuales y de grupo.

- **Expediente:** es la herramienta que recoge el progreso de los alumnos y las calificaciones obtenidas.

- **FAQ:** son las preguntas frecuentes. En las plataformas de formación aparece un espacio destinado a las preguntas frecuentes que formulan los alumnos y una misión como tutores es mantener este espacio actualizado.

- **Fase de adjourning:** todo grupo llega a una fase final que es la de clausura y disolución del grupo.

- **Fase de forming:** la primera fase por la que pasa el grupo es la de formación. Las personas tratan de ser aceptadas y conocer al resto de integrantes del grupo, por lo que ofrecen normalmente su mejor cara y tienden a evitar conflictos. Se caracteriza

por la incertidumbre del curso, de los compañeros, de su papel en el grupo y surgen las primeras relaciones.

❑ **Fase de norming:** detectada la fase de conflicto, se produce la siguiente fase que es la de establecer normas de grupo. Una vez que se ha llegado a una solución, esa solución se queda anclada en el grupo como forma de resolver los conflictos. Ahora es una "norma" para el grupo y se vuelve normal, se acepta.

❑ **Fase de perfoming:** aceptadas las normas del grupo se llega a la fase de desempeño. Los miembros se conocen y son capaces de gestionar sus relaciones, incluso el grupo empieza a desarrollar más autonomía y requiere de un liderazgo moderado.

❑ **Fase de storming:** cuando aumenta la relación del grupo y la confianza, es cuando surgen las primeras disputas. Se hacen evidentes las diferencias entre personas, sus opiniones, sus creencias, su forma de organizarse, etc.

❑ **Formación de teleformación o e-learning:** se considerará modalidad de teleformación cuando la parte presencial que la acción formativa precise sea igual o inferior al 20 por ciento de su duración total.

❑ **Formación mixta:** se entiende por modalidad mixta la que combine para la impartición de una misma acción formativa las modalidades presencial y de teleformación.

❑ **Formación presencial:** es la que se imparte con presencia física de alumnado y profesor/a mediante interrelación directa.

❑ **Foro:** es un sistema que permite abrir temas o también llamados "hilos de conversación".

❑ **Tutoría académica:** la tutoría académica está centrada en los contenidos a desarrollar en el certificado de profesionalidad y la metodología docente.

❑ **Tutoría de orientación:** las tutorías de orientación no se centran en la materia, en los contenidos, sino que se centran en otras partes del proceso de enseñanza aprendizaje como es valorar la situación actual del alumno o resolver problemas administrativos o con las herramientas de una plataforma de formación online.

Caso Práctico 1. Ejemplo

Solución

- -

ALUMNO	ESTILO DE APRENDIZAJE	ESTRATEGIAS
Ana	Estilo de aprendizaje reflexivo	Las estrategias más efectivas serán utilizar el método interrogativo, la realización de debates o el contraste de información. Se podrán visionar vídeos o recomendar lecturas para ampliar la información.

Autoevaluación de Unidad

Enunciados

- -

1. Los estilos de tutoría hacen referencia a:

a) Si son presenciales o a distancia.
b) Si son individuales o grupales.
c) Si son académicas o de orientación.
d) Si son sobre la materia o sobre las actividades.

2. Una duda sobre cómo realizar un ejercicio es:

a) Una tutoría académica.
b) Una tutoría de orientación.
c) Una tutoría física.
d) Una tutoría digital.

3. Una duda sobre el proceso administrativo es:

a) Una tutoría académica.
b) Una tutoría de orientación.
c) Una tutoría física.
d) Una tutoría digital.

4. Una pregunta sobre el futuro profesional de un alumno es:

a) Una tutoría académica.
b) Una tutoría de orientación.
c) Una tutoría física.
d) Una tutoría digital.

5. En el estilo de aprendizaje asimilador:

a) Las habilidades dominantes son la conceptualización abstracta y la experimentación activa.

b) Las habilidades que predominan son la experimentación activa y la experiencia concreta.

c) Sus habilidades principales son la experiencia concreta y la observación reflexiva.

d) Las habilidades dominantes son la conceptualización abstracta y la observación reflexiva.

6. El estilo convergente se asocia al:

a) Estilo teórico.

b) Estilo pragmático.

c) Estilo activo.

d) Estilo reflexivo.

7. El estilo acomodador se asocia al:

a) Estilo teórico.

b) Estilo pragmático.

c) Estilo activo.

d) Estilo reflexivo.

8. Los adultos de estilo pragmático aprenden mejor:

a) A partir de modelos, teorías, sistemas con ideas y conceptos que presenten un desafío.

b) Con actividades en las que ponen en práctica la teoría, cuando ven a los demás hacer algo y pueden replicarlo.

c) Cuando se lanzan a una actividad que les presente un desafío y pueden hacerla por sí mismos.

d) A partir de observar, escuchar, comparar, investigar, reflexionar.

9. Los adultos de estilo activo aprenden mejor:

a) A partir de modelos, teorías, sistemas con ideas y conceptos que presenten un desafío.
b) Con actividades en las que ponen en práctica la teoría, cuando ven a los demás hacer algo y pueden replicarlo.
c) Cuando se lanzan a una actividad que les presente un desafío y pueden hacerla por sí mismos.
d) A partir de observar, escuchar, comparar, investigar, reflexionar.

10. Los adultos de estilo reflexivo aprenden mejor:

a) A partir de modelos, teorías, sistemas con ideas y conceptos que presenten un desafío.
b) Con actividades en las que ponen en práctica la teoría, cuando ven a los demás hacer algo y pueden replicarlo.
c) Cuando se lanzan a una actividad que les presente un desafío y pueden hacerla por sí mismos.
d) A partir de observar, escuchar, comparar, investigar, reflexionar.

Autoevaluación de Unidad

Soluciones

----

1. *b)* *Si son individuales o grupales.*

2. *a)* *Una tutoría académica.*

3. *b)* *Una tutoría de orientación.*

4. *b)* *Una tutoría de orientación.*

5. *d)* *Las habilidades dominantes son la conceptualización abstracta y la observación reflexiva.*

6. *a)* *Estilo teórico.*

7. *b)* *Estilo pragmático.*

8. *b)* *Con actividades en las que ponen en práctica la teoría, cuando ven a los demás hacer algo y pueden replicarlo.*

9. *c)* *Cuando se lanzan a una actividad que les presente un desafío y pueden hacerla por sí mismos.*

10. *d)* *A partir de observar, escuchar, comparar, investigar, reflexionar.*

UNIDAD DIDÁCTICA 2

Desarrollo de la acción tutorial

Objetivos específicos (capacidades)

⊡ **Capacidad 1 (C1):** Proporcionar habilidades y estrategias personalizadas de mejora al alumnado para favorecer su aprendizaje, en formación presencial y en línea, supervisando su desarrollo.

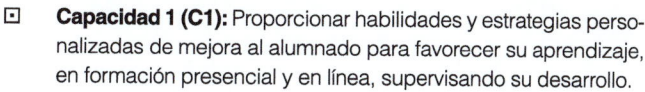

Objetivos operativos (criterios de evaluación)

⊡ **Capacidad 1 (C1):** Proporcionar habilidades y estrategias personalizadas de mejora al alumnado para favorecer su aprendizaje, en formación presencial y en línea, supervisando su desarrollo.

✦ CE1.5 Desarrollar acciones tutoriales, consensuando la frecuencia e intercambio de valoraciones sobre el desarrollo del aprendizaje del alumnado.

✦ CE1.6 En un supuesto práctico de supervisión del proceso de aprendizaje de una acción formativa, elaborar un cronograma de actividades de aprendizaje y tutorías adaptado a las necesidades que se exponen, favoreciendo la autonomía y responsabilidad del alumnado.

✦ CE1.7 En un supuesto práctico que pretende elaborar procedimientos para reconducir el aprendizaje del alumnado hacia los objetivos propuestos a través del seguimiento sistemático de las actividades de aprendizaje programadas.

Contenido

Mapa conceptual

Caso Práctico 2. Ejemplo. Enunciado

Evaluación inicial

Evaluación inicial (soluciones)

Introducción

1. Características del alumnado

2. Temporalización de la acción tutorial

3. Realización de cronogramas

4. Diseño de un plan de actuación individualizado

Resumen

Glosario

Mapa conceptual

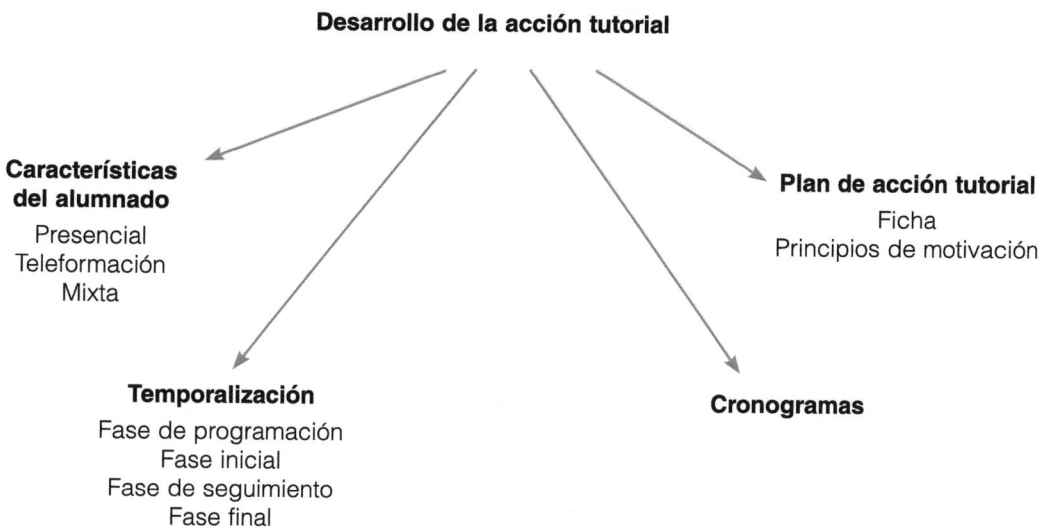

Desarrollo de la acción tutorial

**Características
del alumnado**
Presencial
Teleformación
Mixta

Plan de acción tutorial
Ficha
Principios de motivación

Temporalización
Fase de programación
Fase inicial
Fase de seguimiento
Fase final

Cronogramas

Caso Práctico 2. Ejemplo

Enunciado

- -

Para el seguimiento personalizado del aprendizaje de los alumnos debemos desarrollar un cronograma que contemple las posibles actuaciones a realizar.

Desarrolla un cronograma de acción tutorial.[1]

---

*   Podrás ver este caso práctico resuelto al final de la unidad.

Evaluación inicial

1. **Los adultos ven como una necesidad la formación porque si deciden formarse, esto supone invertir su tiempo y a veces, dinero:**

    a) Verdadero.
    b) Falso.

2. **La motivación de los adultos es independiente a si la acción formativa está de acuerdo con el objetivo que persiguen:**

    a) Verdadero.
    b) Falso.

3. **Dada la experiencia de los adultos, tendrán ideas fijadas, por lo que existirán determinadas barreras a la hora de acceder a conocimientos nuevos que no concuerden con lo que saben:**

    a) Verdadero.
    b) Falso.

4. **La persona adulta se conoce a sí misma y establece su propio ritmo de aprendizaje:**

    a) Verdadero.
    b) Falso.

5. **En la formación presencial es una ventaja que haya un docente en el aula que puede guiar el conocimiento, animar a las personas a aprender, adaptar directamente las actividades al grupo y al estado de ánimo que percibe en ellos:**

    a) Verdadero.
    b) Falso.

6. **En la formación presencial es una ventaja que el docente puede ver el avance constante de los alumnos y adaptar los ritmos de aprendizaje:**

    a) Verdadero.
    b) Falso.

7. **En la formación presencial es una ventaja que existan equipos más sofisticados en los hogares que en los centros de formación:**

   a) Verdadero.
   b) Falso.

8. **En la formación presencial es una desventaja el coste de un espacio físico y los gastos de desplazamiento:**

   a) Verdadero.
   b) Falso.

9. **En la fase final de una acción tutorial se presentan los objetivos y las normas de la acción formativa:**

   a) Verdadero.
   b) Falso.

10. **En la fase de seguimiento de una acción tutorial se recogen las impresiones de las personas que han participado en la acción formativa:**

    a) Verdadero.
    b) Falso.

Evaluación inicial (soluciones)

1. **a)** Verdadero.

2. **b)** Falso.

3. **a)** Verdadero.

4. **a)** Verdadero.

5. **a)** Verdadero.

6. **a)** Verdadero.

7. **b)** Falso.

8. **a)** Verdadero.

9. **b)** Falso.

10. **b)** Falso.

Introducción

En esta unidad vamos a ver las características del alumnado adulto en formación presencial, para lo que tenemos que saber establecer estrategias de temporalización, realizar cronogramas y diseñar un plan de actuación.

1. Características del alumnado

Recordemos las características básicas de las personas adultas en formación:

1. Ven como una necesidad la formación porque si deciden formarse, esto supone invertir su tiempo y a veces, dinero.

2. Además, tienen una motivación, una finalidad o un objetivo para formarse, por lo que buscan la utilidad de la formación.

3. De la motivación surge el compromiso con la acción formativa si ven que está de acuerdo con el objetivo que persiguen.

4. Además de conocimientos, tienen una experiencia profesional o por lo menos, vivencial. Esta experiencia les va a permitir adaptar nuevos conocimientos a lo que ya saben, pero también la querrán compartir con el grupo.

5. Dada su experiencia, tendrán ideas fijadas, por lo que existirán determinadas barreras a la hora de acceder a conocimientos nuevos que no concuerden con lo que saben.

6. Las personas adultas se responsabilizan de su aprendizaje, lo que les confiere autonomía a la hora de estudiar.

7. Se conocen a sí misma y establecen su propio ritmo de aprendizaje.

1.1. En formación presencial

Existen una serie de ventajas de la formación presencial como son:

❑ Hay un docente en el aula que puede guiar el conocimiento, animar a las personas a aprender, adaptar directamente las actividades al grupo y al estado de ánimo que percibe en ellos. Puede evaluar directamente a las personas.

❑ Se establecen relaciones sociales entre los miembros del grupo y surge el trabajo en equipo.

❑ El docente puede ver el avance constante de los alumnos y adaptar los ritmos de aprendizaje.

Pero también existen una serie de desventajas:

❑ Asistencia física y en un horario fijo. Uno de los mayores problemas de la formación presencial es que requiere de una gran adaptación a un lugar y a un tiempo determinado, lo cual, entre personas adultas se hace más complicado. Es posible que haya un porcentaje de faltas de asistencia, pero, aun así, no salva la dificultad de depender de un lugar y de un horario.

❑ La necesidad de tecnología actualizada para el aprendizaje requiere que los centros de formación estén en continua mejora y no siempre sucede así en la realidad. Muchas veces, existen equipos más sofisticados en los hogares que en los centros o en las oficinas.

❑ El coste de un espacio físico, los gastos de desplazamiento y los recursos hacen que la formación presencial pueda llegar a alcanzar un alto coste.

1.2. El objetivo de la tutoría

El objetivo de la tutoría es proporcionar habilidades y estrategias personalizadas de mejora al alumnado para favorecer su aprendizaje supervisando su desarrollo, para lo que debemos saber temporalizar las acciones tutoriales, hacer uso del cronograma como herramienta de tutorización y diseñar un plan de acción individualizado.

2. Temporalización de la acción tutorial

Las sesiones de tutoría, bien como entrevista individual, bien como reunión en grupo, pueden hacerse en cuatro grandes periodos: fase previa, fase inicial, fase de desarrollo y fase final.

1. **Fase de programación, previa al inicio de la acción formativa.**

   Antes de empezar una acción formativa es necesario que contemplemos las necesidades con las que nos vamos a encontrar durante el curso.

2. **Fase inicial: presentación del curso.**

   Presentar el curso es una actividad propia de los tutores o de los responsables de cada centro de formación. En esta fase es necesario presentar los objetivos, las normas, el proceso de formación, los derechos y deberes de los alumnos y la forma de evaluación. Se hace alusión al espacio físico, la ubicación del curso, y se entrega el material necesario a los alumnos.

Es una fase importante porque requiere transmitir confianza a los alumnos y resolver todas las dudas de un inicio de curso.

Por nuestra parte, debemos acoger a todos los participantes, darle importancia a sus intereses y expectativas sobre el curso, conocer sus experiencias profesionales y orientarles sobre el funcionamiento del proceso de formación.

3. **Fase de seguimiento: durante el curso.**

   El tutor tiene que verificar si los alumnos están consiguiendo los resultados esperados, ver si el ritmo de aprendizaje es el adecuado o si se requieren refuerzos.

   Por otra parte, es el momento de resolver dudas académicas y de ver la evolución del grupo.

4. **Fase final.**

   Durante la fase final, el tutor debe de recoger las impresiones de las personas que han participado en el proceso formativo y elaborar los informes pertinentes.

   Es frecuente que se haga una valoración de los contenidos, del material, de los recursos utilizados y de la gestión por parte del centro.

3. Realización de cronogramas

Durante cada fase de las citadas con anterioridad, los tutores establecemos acciones individuales y grupales. Las individuales suelen ser entrevistas y las grupales, reuniones de grupo para hacer una puesta en común.

Estas actividades las debemos temporalizar de forma concreta y para ello, hacer uso de un cronograma.

Definición

El cronograma es una herramienta que representa en un gráfico un conjunto de actividades en función del tiempo.

3.1. Cronograma de Gantt

Una forma de realizar los cronogramas es siguiendo el modelo temporal de Gantt, identificando las acciones de tutoría a largo plazo.

El diagrama de Gantt es una herramienta gráfica que permite exponer el tiempo de dedicación previsto a diferentes tareas a lo largo de un proceso temporal determinado.

TEMPORALIZACIÓN DEL PROCESO DE APRENDIZAJE					
Tutoría	**Primer mes**	**Segundo mes**	**Tercer mes**	**Cuarto mes**	**Quinto mes**
Tutoría individual de inicio.	■				
Tutoría individual de seguimiento.		■	■	■	
Tutoría grupal de seguimiento.		■	■		
Tutoría individual final.					■
Tutoría grupal final.					■

Este cronograma se puede ir haciendo más complejo con la introducción de nuevos espacios, por ejemplo, indicando el objetivo de cada tutoría:

PROCESO DE APRENDIZAJE						
Tutoría	**Objetivo**	**Primer mes**	**Segundo mes**	**Tercer mes**	**Cuarto mes**	**Quinto mes**
Tutoría individual de inicio.	Conocer las expectativas del curso.	■				
Tutoría individual de seguimiento.	Valorar los conocimientos adquiridos.		■	■	■	
Tutoría grupal de seguimiento.	Valorar la fase de grupo.		■	■		
Tutoría individual final.	Valorar la satisfacción con el curso.					■
Tutoría grupal final.	Valorar la situación del grupo.					■

La temporalización de Gantt nos permite ver a largo plazo qué tipo de tutorías tenemos que realizar.

3.2. Cronograma base

Además de una temporalización a largo plazo, podemos realizar un cronograma a corto plazo, a modo de calendario:

Fecha	Actividad
Lunes, 4 de febrero	Tutoría individual

Este cronograma también se puede completar con toda la información que necesitemos, por ejemplo, identificar al alumno con el que vamos a realizar una tutoría y el objetivo de la misma:

FECHA	HORA	ACTIVIDAD	¿A QUIÉN?	OBJETIVO
Lunes, 4 de febrero	10h00	Tutoría individual.	Eduardo López Medina.	Preguntar por intereses para la realización del curso.
Lunes, 4 de febrero	10h30	Tutoría individual.	María Nieto Sánchez.	Preguntar por intereses para la realización del curso.
...	...	...	...	...
...	...	...	...	...
...	...	...	...	...
Lunes, 11 de febrero	10h00	Tutoría individual.	Eduardo López Medina.	Preguntar por dudas de los contenidos del primer módulo.

Importante

El objetivo del cronograma es visibilizar las fechas en las que vamos a realizar acciones tutoriales para llevar un registro ordenado.

4. Diseño de un plan de actuación individualizado

Durante el proceso de formación se pueden detectar necesidades de aprendizaje o situaciones en grupo que requieran de una intervención como tutores. Por tanto, junto a la programación temporal de acciones de tutoría debemos de tener presente que podemos realizar acciones individualizadas o para el grupo.

Situaciones que se pueden dar son las siguientes:

❑ Poca participación.

❑ Participación no pertinente en el grupo.

❑ Dificultades en el aprendizaje.

❑ Dificultad para comprender los contenidos del curso.

Cada situación requiere por nuestra parte establecer una acción, por lo que podemos usar registro y vincularlo con acciones como el siguiente:

SITUACIÓN	TUTORÍA	ACTIVIDAD
Poca participación.	Tutoría – Entrevista individual	Animación a participar y recordar sus motivos a la hora de iniciar el curso.
Participación no pertinente en el grupo.	Tutoría – Entrevista individual	Toma en consideración del respeto a los compañeros y al proceso de formación.
Dificultades en el aprendizaje.	Tutoría – Entrevista individual	Facilitación de técnicas de estudio.
Dificultad para comprender los contenidos.	Tutoría – Entrevista individual	Explicación clara de los contenidos y adaptada a su estilo de aprendizaje.

4.1. Ficha del plan de acción tutorial individual

Por otra parte, podemos llevar un registro de las acciones tutoriales a nivel individual en las que vayamos reflejando las sesiones, fecha, temas abordados, actividades pactadas para la mejora del aprendizaje y observaciones.

DATOS GENERALES				
Acción Formativa				
Tutor				
Nombre del alumno				
OBJETIVOS				
PLAN DE ACCIÓN				
Sesión	Fecha	Temas abordados	Actividades recomendadas	Observaciones
1				
2				
3				
4				
5				

Fuente: Valdés Herrera Clemente (2016): Motivación, concepto y teorías principales.

4.2. Principios de la motivación de los alumnos

Ya que la motivación es un elemento frecuente en el que tenemos que hacer fuerza para tutorizar a nuestros alumnos, presentamos a continuación una serie de principios y estrategias para generar motivación en nuestros alumnos.

Principios de motivación

Podemos considerar cinco principios para la motivación:

❏ **Principio de la predisposición.** La predisposición a la acción (actitud) es un factor clave en el proceso de motivación, por lo que no es lo mismo tener una actitud pasiva o de rechazo que tener una actitud proactiva. La actitud se puede elegir y cambiar. El primer paso es crear una actitud, un estado de predisposición adecuado para la realización de una actividad. Sin la actitud correcta, no hay motivación. Se puede plantear la pregunta ¿para qué hacer algo? ¿Por qué no hacerlo? ¿Cómo hacerlo para estar más a gusto? O cualquier pregunta que predisponga a la acción de una forma motivadora.

❏ **Principio de la vivencia.** Todo lo que vivimos lo asumimos como una experiencia, es decir, como un conjunto de emociones que sentimos a lo largo de una actividad o proceso. Tendemos a repetir aquellas experiencias que han sido gratas y significativas para nosotros. Es la base de por qué repetimos las mismas acciones, visitamos los mismos sitios o realizamos las mismas actividades. Por tanto, debemos tener en cuenta las emociones a lo largo de una actividad o proceso para validar si es una experiencia gratificante que se quiera repetir, o, por el contrario, hay momento que debemos cambiar o eliminar. No significa que toda la actividad requiere una alta dosis de motivación, sino que los momentos menos motivantes no se conviertan en un freno para la actividad.

❑ **Principio de la consecuencia.** Cuando la consecuencia de nuestra acción es una experiencia positiva, tendemos a repetirla. Por tanto, cuando obtenemos una consecuencia a partir de nuestro resultado que es como esperábamos o mejor, nuestra consciencia crea un recuerdo positivo de ella que servirá de factor motivacional para una siguiente ocasión. Por lo que debemos tener presente que la consecuencia del resultado de las acciones de nuestros alumnos tiene que ser igual o mejor a la que esperan.

❑ **Principio de la repetición.** Como ya hemos comentado en los principios anteriores, tendemos a repetir aquello que nos ha gustado y que dominamos y, además, esa repetición genera un estímulo más potente al reforzarlo porque estamos validando nuevamente que se trata de un estímulo motivacional. Por tanto, debemos repetir aquellas actividades que resulten motivantes para reforzar la experiencia y, con ello, se aumenta el dominio de una determinada materia o habilidad. Ahora bien, la repetición tiene que ser significativa y oportuna, no repetir por el hecho de repetir. Si repetimos varias veces la misma acción puede anular el principio de consecuencia y no generar un estímulo nuevo, ya que no motiva lo que conseguimos al hacerla.

❑ **Principio de la novedad.** Aquello que presenta un reto nuevo, pero asumible, genera también una motivación especial para ser superado. Por tanto, tenemos que pensar en la generación de actividades nuevas, pero que están adaptadas a las capacidades de los alumnos; si no, se puede producir el rechazo a lo desconocido o la resistencia al cambio.

Para llevar a la práctica los principios anteriores tenemos que pensar en tres momentos: durante la planificación, durante la comunicación y durante el proceso de aprendizaje.

❑ **Durante la planificación:**

♦ Adecuar el nivel de dificultad a las habilidades de los alumnos.

♦ Secuenciar actividades que permitan el avance de los conocimientos y habilidades.

♦ Adaptar las actividades a los intereses de los alumnos.

♦ Actividades variadas. Repetir actividades de vez en cuando, pero no utilizarlas en exceso porque pierden su factor motivante.

- Crear actividades novedosas, que sorprendan y requieran aprender a hacerlas de una manera diferente.

- Reorientar la planificación y las actividades según los alumnos y su evolución.

❑ **Durante la comunicación:**

- Hablar de las emociones.

- Hablar de los estados de motivación.

- Presentar conocimientos y actividades con entusiasmo.

- Generar interés por las actividades a realizar.

- Dar importancia al conocimiento.

- Comunicar las expectativas sobre los alumnos.

- Proyectar intensidad en las actividades, pero sin llegar a la ansiedad o al agotamiento.

- Crear espacios seguros.

- Crear espacios que faciliten el estudio y el trabajo y que no generen ansiedad.

❑ **Durante el proceso de aprendizaje:**

- Hacerlo significativo.

- Validar la utilidad del conocimiento adquirido, no para realizar una actividad, sino para desarrollar habilidades para la vida.

- Permitir que el alumno participe de forma activa.

- Permitir que el alumno tome decisiones autónomas.

- Permitir que el alumno experimente su creatividad.

- Permitir la relación y el trabajo en equipo.

- Retroalimentación y recompensas. Comunicarse con ellos sobre sus metas y su desempeño.

- Ayudar a reconocer la unión entre el esfuerzo y el resultado obtenido.

- Ofrecer recompensas o reconocimiento por las realizaciones correctas.

- Realización de "productos" terminados, no solo de partes de un proyecto.

♦ Incluir elementos de simulación o dramatización.

♦ Incorporar juegos y actividades lúdicas dirigidas al conocimiento.

Estos principios tienen que ir unidos a una serie de prácticas como las siguientes:

❑ **Una buena actitud.** La interacción entre docente y alumnos se ha demostrado vital en el proceso de aprendizaje y siguiendo los procesos de modelaje, por los cuales aprendemos de las conductas de los demás y no solo de lo que dicen, una buena actitud por parte del docente sirve de ejemplo para que los alumnos tengan una buena actitud.

Si queremos pedir compromiso a los alumnos, el docente tiene que ser el primero en demostrarlo. Si queremos que los alumnos estén predispuestos a aprender, somos nosotros los que tenemos que estar antes predispuestos a que aprendan.

Se influye con el ejemplo, así que la primera estrategia que tenemos es la de mostrar nuestra propia motivación a través de una buena actitud en el aula, con ganas, energía, esforzándonos, dándoles nuestro apoyo.

❑ **Haz que el conocimiento sea útil.** Una de las mayores estrategias de generar motivación es que el alumno adulto vea que lo que está aprendiendo es útil. Puede hacerse mediante una explicación o llevando lo aprendido al mundo real. La utilidad del conocimiento activa la curiosidad y el interés por parte del alumnado.

❑ **Valorar el esfuerzo.** Es importante valorar no solo lo que se consigue, sino el proceso de cómo se consigue. No solo se tiene que indicar si se ha realizado bien un trabajo, sino que hay que valorar el progreso y el esfuerzo por aprender. Palabras de ánimo, preguntas para saber el estado en que se encuentran los alumnos, cercanía y apoyo para que sientan que no están solos ante el aprendizaje, son estrategias que permiten que aflore la motivación de los alumnos.

❑ **El refuerzo en positivo.** No se puede utilizar expresiones negativas o etiquetas de menosprecio como "lento" o "vago". Este tipo de "castigos" eliminan la motivación y activan los procesos de adrenalina o la agresividad de las personas. En cambio, sí podemos usar refuerzos positivos, indicar lo que se está haciendo bien. Una conducta que ha sido gratificada, tendemos a repetirla. Ahora bien, el refuerzo tiene que ser real y no fingido. No se trata de decir bien a todo, sino solo a lo que está bien. La persona adulta es consciente de lo que es un "reconocimiento" y lo que es "adulación sin sentido". Cuando es reconocido, repite lo que ha hecho. Cuando observa adulación, no le da valor a las palabras.

❑ **Busca incentivos.** El beneficio del aprendizaje suele darse a largo plazo, por lo que es necesario buscar pequeños incentivos, retos o premios que podamos ofrecer a nuestros alumnos. Quizás les interese hacer una salida o conocer a una determinada persona o empresa y podamos gestionar esa visita o encuentro.

- **Busca la variedad.** Sabemos que las personas somos diferentes, lo que significa que tenemos gustos distintos y estilos de aprender diferentes. Si variamos nuestra metodología es posible que alcancemos a todos los alumnos, mientras que, si siempre seguimos el mismo patrón, algunos alumnos irán perdiendo motivación y atención. Al ofrecer una variedad de opciones, se facilita la percepción de autonomía por parte de los alumnos.

- **Evaluación constructiva.** Los procesos de evaluación no tienen que ser exámenes entendidos como un punto final, sino como procesos de aprendizaje. Realizar sesiones de evaluación para ver el progreso y las necesidades formativas son estrategias que motivan a los alumnos.

- **Generar habilidades para el estudio (enseñar a aprender).** No se trata de leer, repetir y memorizar, sino que debemos enseñar a aprender: leer de forma comprensiva, extraer ideas principales, resumirlas, esquematizarlas y exponerlas como conocimiento adquirido. Como profesores tenemos que enseñar a aprender y, además, ofrecerlo como un elemento motivador porque genera autonomía. Los hábitos y las habilidades para el estudio favorecen el rendimiento académico, pero también favorecen el control del comportamiento y la actitud.

¿Y cuándo motivar a los alumnos? La respuesta es sencilla: debemos motivar cuando queramos motivar. Pero sí que es cierto que hay momentos que son de especial relevancia:

- El inicio de la sesión.

- El inicio de un nuevo conocimiento.

- El desarrollo de una nueva habilidad.

- Cuando los alumnos estén en un momento poco receptivo.

- Cuando los alumnos presenten una sensación de aburrimiento.

- Cuando un contenido es de especial relevancia para momentos posteriores.

- Cuando se quiere desarrollar una actividad en grupo.

Ahora bien, existen una serie de obstáculos a la motivación como son la incertidumbre, la queja, el miedo o el sentimiento de culpa. En estas situaciones tenemos que buscar estrategias de comportamiento que frenen la desmotivación:

- **Ante la incertidumbre y la falta de claridad:**

  - Dar la información de la forma más clara posible.

  - No ser ambiguos en los mensajes.

  - Identificar y evitar rumores.

❏ **Ante las quejas:**

◆ Escuchar y atender los sentimientos de la persona.

◆ Implicarlos en la toma de decisiones.

◆ Informar de las acciones realizadas hasta que aparezca una solución.

❏ **Ante el miedo:**

◆ Verlo como algo normal cuando hay que realizar una tarea que se desconoce.

◆ Trasmitir confianza.

◆ Poner el foco en aquello que se controla.

◆ Establecer pequeñas metas que aseguren el éxito.

❏ **Ante la culpa:**

◆ Explicar los hechos objetivamente.

◆ Demostrar con datos las actividades y las consecuencias.

◆ Buscar alternativas hacia la próxima actividad.

Resumen

En esta unidad hemos visto las características de las personas adultas en formación: necesidad, motivación, compromiso, experiencia, ideas fijadas, autonomía y autoconocimiento del ritmo de aprendizaje.

La temporalización de la acción tutorial tiene que responder a las diferentes fases del plan de acción tutorial:

❑ Fase de programación, previa al inicio de la acción formativa.

❑ Fase inicial.

❑ Fase de seguimiento.

❑ Fase final.

Y como herramientas para llevar a cabo la acción tutorial tenemos la realización de cronogramas de Gantt o cronogramas genéricos, en los que se indica temporalmente las acciones de tutorización a realizar. Aunque, además de las tutorías previstas, es posible que tengamos que ir incluyendo tutorías según lo que suceda en el grupo y con cada participante.

Glosario

❑ **Cronograma:** es una herramienta que representa en un gráfico un conjunto de actividades en función del tiempo.

❑ **Ficha del plan de acción tutorial individual:** registro de las acciones tutoriales a nivel individual en las que vayamos reflejando las sesiones, fecha, temas abordados, actividades pactadas para la mejora del aprendizaje y observaciones.

❑ **Plan de Acción Tutorial (PAT):** engloba el conjunto de acciones de tutorización para favorecer la integración de los alumnos.

❑ **Plan de actuación individualizado:** durante el proceso de formación se pueden detectar necesidades de aprendizaje o situaciones en grupo que requieran de una intervención como tutores. Por tanto, junto a la programación temporal de acciones de tutoría debemos de tener presente que podemos realizar acciones individualizadas o para el grupo.

❑ **Principio de la consecuencia:** cuando la consecuencia de nuestra acción es una experiencia positiva, tendemos a repetirla.

❑ **Principio de la novedad:** aquello que presenta un reto nuevo, pero asumible, genera también una motivación especial para ser superado.

❑ **Principio de la predisposición:** la predisposición a la acción (actitud) es un factor clave en el proceso de motivación, por lo que no es lo mismo tener una actitud pasiva o de rechazo que tener una actitud proactiva.

❑ **Principio de la repetición:** tendemos a repetir aquello que nos ha gustado y que dominamos y, además, esa repetición genera un estímulo más potente al reforzarlo porque estamos validando nuevamente que se trata de un estímulo motivacional.

❑ **Principio de la vivencia:** todo lo que vivimos lo asumimos como una experiencia, es decir, como un conjunto de emociones que sentimos a lo largo de una actividad o proceso.

Caso Práctico 2. Ejemplo

Solución

OBJETIVO	TEMPORALIZACIÓN	ACTIVIDAD
Seguimiento del aprendizaje de los alumnos.	Al inicio del curso.	Evaluación de conocimientos previos de cada alumno.
	De forma periódica durante el curso.	Reuniones individualizadas para valorar las actividades realizadas.
	De forma periódica durante el curso.	Reunión en grupo para ver situaciones comunes y soluciones a problemas de aprendizaje o sugerencias.
	Al final del curso.	Valoración de los conocimientos y habilidades adquiridas.

Autoevaluación de Unidad
Enunciados

1.

Uno de los mayores problemas de la formación presencial es:

a) Que requiere de una gran adaptación a un lugar y a un tiempo determinado.
b) La dificultad del trabajo en equipo.
c) La dificultad por parte del docente de animar a las personas a aprender.
d) El problema por parte del docente de adaptar las actividades al grupo y al estado de ánimo que percibe en ellos.

2.

¿En qué grandes periodos se pueden hacer las sesiones de tutoría?

a) En la fase de clasificación, en la fase originaria, en la fase de seguimiento y en la fase final.
b) En la fase de programación (previa al inicio de la acción formativa), en la fase inicial, en la fase de desarrollo y en la fase final.
c) En la fase codificación, en la fase inicial, en la fase de progreso y en la fase de sistematización.
d) En la fase de simbolización, en la fase de presentación, en la fase de consecuencias y en la fase de informes.

3.

La temporalización de Gantt nos permite ver a largo plazo:

a) Los hitos del proyecto.
b) Qué tipo de tutorías tenemos que realizar.
c) La rutina personal de cada alumno.
d) La lista de tareas pendientes.

4. ¿Cuál es el objetivo del cronograma?

a) Diseña lo que hay que gestionar.
b) Visibilizar las fechas en las que vamos a realizar acciones tutoriales para llevar un registro ordenado.
c) Define la estructura del trabajo.
d) Define las personas responsables de cada tarea.

5. ¿En qué situaciones podemos realizar acciones individualizadas o para el grupo?

a) Cuando se da poca participación.
b) Cuando hay dificultades en el aprendizaje.
c) Cuando hay dificultad para comprender los contenidos del curso.
d) Todas son correctas.

6. ¿A qué principio nos referimos cuando decimos que todo lo que vivimos lo asumimos como una experiencia?

a) Al principio de la predisposición.
b) Al principio de la vivencia.
c) Al principio de la consecuencia.
d) Al principio de la repetición.

7. ¿En qué principio se comenta que la actitud se puede elegir y cambiar?

a) En el principio de la predisposición.
b) En el principio de la vivencia.
c) En el principio de la repetición.
d) En el principio de la novedad.

8. ¿En qué momento hay que crear actividades novedosas, que sorprendan y requieran aprender a hacerlas de una manera diferente?

a) Durante la planificación.
b) Durante la comunicación.
c) Durante el proceso de aprendizaje.
d) Durante la fase de codificación.

9. ¿En qué momento hay que incorporar juegos y actividades lúdicas dirigidas al conocimiento?

a) Durante la planificación.
b) Durante la comunicación.
c) Durante el proceso de aprendizaje.
d) Durante la fase de codificación.

10. ¿Qué estrategia podemos seguir ante la incertidumbre y la falta de claridad?

a) No ser ambiguos en los mensajes.
b) Escuchar y atender los sentimientos de la persona.
c) Establecer pequeñas metas que aseguren el éxito.
d) Demostrar con datos las actividades y las consecuencias.

Autoevaluación de Unidad
Soluciones

---

1. *a)* *Que requiere de una gran adaptación a un lugar y a un tiempo determinado.*

2. *b)* *En la fase de programación (previa al inicio de la acción formativa), en la fase inicial, en la fase de desarrollo y en la fase final.*

3. *b)* *Qué tipo de tutorías tenemos que realizar.*

4. *b)* *Visibilizar las fechas en las que vamos a realizar acciones tutoriales para llevar un registro ordenado.*

5. *d)* *Todas son correctas.*

6. *b)* *Al principio de la vivencia.*

7. *a)* *En el principio de la predisposición.*

8. *a)* *Durante la planificación.*

9. *c)* *Durante el proceso de aprendizaje.*

10. *a)* *No ser ambiguos en los mensajes.*

UNIDAD DIDÁCTICA 3

Desarrollo de la acción tutorial en línea

Objetivos específicos (capacidades)

☑ **Capacidad 2 (C2):** Proporcionar estrategias y habilidades para favorecer el aprendizaje en la formación en línea supervisando su desarrollo.

Objetivos operativos (criterios de evaluación)

☑ **Capacidad 2 (C2):** Proporcionar estrategias y habilidades para favorecer el aprendizaje en la formación en línea supervisando su desarrollo.

✦ CE2.1 Utilizar herramientas para la comunicación virtual.

✦ CE2.2 Realizar tareas y actividades específicas para la formación en línea, asumiendo las responsabilidades administrativas.

✦ CE2.3 Elaborar el plan tutorial de la formación en línea para distintos tipos de acciones formativas.

Contenido

Mapa conceptual

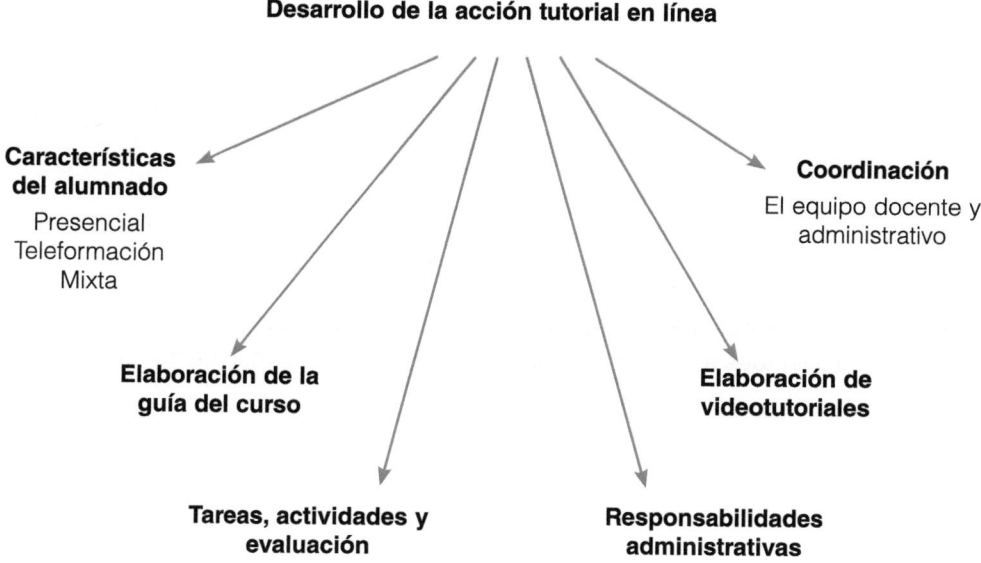

Desarrollo de la acción tutorial en línea

Características del alumnado
Presencial
Teleformación
Mixta

Coordinación
El equipo docente y administrativo

Elaboración de la guía del curso

Elaboración de videotutoriales

Tareas, actividades y evaluación

Responsabilidades administrativas

Caso Práctico 3. Ejemplo

Enunciado

- -

El centro de formación para el que trabajas va a realizar un curso de formación online y te han pedido que diseñes el guion para un plan de acción tutorial.

Diseña un guion (ideas base) para concretar un plan tutorial en el que indiques los objetivos del mismo, actividades a realizar y medios de información y comunicación que utilizarías.[1]

---

* Podrás ver este caso práctico resuelto al final de la unidad.

Evaluación inicial

1. **En los adultos, la motivación desaparece a medida que ven que están alcanzando el objetivo que persiguen:**

   a) Verdadero.
   b) Falso.

2. **En los adultos, dada su experiencia, tendrán ideas fijadas, pero esto no supone una barrera a la hora de acceder a conocimientos nuevos que no concuerden con lo que saben:**

   a) Verdadero.
   b) Falso.

3. **La persona adulta no se conoce a sí misma y, por tanto, no sabe establecer su propio ritmo de aprendizaje:**

   a) Verdadero.
   b) Falso.

4. **En la formación online es una ventaja la accesibilidad a material mediante descarga:**

   a) Verdadero.
   b) Falso.

5. **En la formación online es una desventaja la necesidad de una máxima autonomía y disciplina por parte de los alumnos:**

   a) Verdadero.
   b) Falso.

6. **Coordinar y dirigir la acción de los tutores de acuerdo con el plan de acción tutorial, es una función del:**

   a) Tutor.
   b) Jefe de estudios.
   c) Webmaster.
   d) Docente.

7. Participar en la elaboración de la propuesta del proyecto educativo y de la programación general anual, es una función del:

   a) Tutor.
   b) Jefe de estudios.
   c) Webmaster.
   d) Docente.

8. Favorecer la convivencia en la organización y garantizar el procedimiento para imponer las correcciones que correspondan, es una función del:

   a) Tutor.
   b) Jefe de estudios.
   c) Webmaster.
   d) Docente.

9. La agenda es la herramienta que nos permite una comunicación directa entre tutores y alumnos:

   a) Verdadero.
   b) Falso.

10. El chat es una herramienta de comunicación sincrónica:

   a) Verdadero.
   b) Falso.

Evaluación inicial (soluciones)

1. **b)** Falso.

2. **b)** Falso.

3. **b)** Falso.

4. **a)** Verdadero.

5. **a)** Verdadero.

6. **b)** Jefe de estudios.

7. **b)** Jefe de estudios.

8. **b)** Jefe de estudios.

9. **b)** Falso.

10. **a)** Verdadero.

Introducción

En esta unidad vamos a ver elementos propios de la acción tutorial en línea como es la elaboración de una guía, la importancia de las tareas evaluativas y el expediente en el que se contemplan las calificaciones de dichas actividades, las tareas administrativas como tutores y la elaboración de videotutoriales.

1. Características del alumnado

Recordemos una vez más las características básicas de las personas adultas en formación:

1. Ven como una necesidad la formación porque si deciden formarse, esto supone invertir su tiempo y a veces, dinero.

2. Además, tienen una motivación, una finalidad o un objetivo para formarse, por lo que buscan la utilidad de la formación.

3. De la motivación surge el compromiso con la acción formativa si ven que está de acuerdo con el objetivo que persiguen.

4. Además de conocimientos, tienen una experiencia profesional o por lo menos, vivencial. Esta experiencia les va a permitir adaptar nuevos conocimientos a lo que ya saben, pero también la querrán compartir con el grupo.

5. Dada su experiencia, tendrán ideas fijadas, por lo que existirán determinadas barreras a la hora de acceder a conocimientos nuevos que no concuerden con lo que saben.

6. Las personas adultas se responsabilizan de su aprendizaje, lo que les confiere autonomía a la hora de estudiar.

7. Se conocen a sí misma y establecen su propio ritmo de aprendizaje.

1.1. En formación online

Existen una serie de ventajas de la formación online como son:

❏   **Flexibilidad.**

La formación online es flexible en cuanto al espacio y el tiempo. Por un lado, no es necesario el desplazamiento, por lo que supone un ahorro de tiempo en desplazamientos ya que se realiza a distancia desde el lugar que elige el alumno.

Y, por otro lado, es flexible en cuanto al horario. No es que no suponga tiempo, todo lo contrario, a veces conlleva más tiempo que la formación presencial, pero el horario se adapta mejor. Es posible que en certificados oficiales existan actividades con un horario fijo que se debe cumplir o con fechas señaladas para entregar documentación y actividades, pues son elementos del proceso formal de certificación, pero la mayor parte del tiempo es el alumno quien decide cuándo estudiar.

❑   **Accesibilidad a material.**

La formación online pone a disposición de los alumnos toda una serie de documentación y material didáctico al que se puede acceder por Internet e incluso descargar.

Pero también existen una serie de desventajas:

❑   **Dificultad de socialización.**

Aunque es posible conocer a otros compañeros que hacen una formación online, la socialización con el grupo es más difícil que en la formación presencial, lo que supone una pérdida importante a la hora de comparar conocimientos y experiencias entre los alumnos.

❑   **Autonomía, disciplina y rendimiento.**

El rendimiento del alumno depende de su capacidad de disciplina frente al estudio. En la formación presencial, el docente puede establecer ritmos y actividades de acuerdo con las necesidades de cada participante, pero en la formación online, es el alumno el que se tiene que adaptar a la plataforma.

2. Elaboración de la "guía del curso"

Una guía del curso debería de contemplar los siguientes epígrafes:

❑   Índice.

❑   Presentación general.

❑   Identificación de la acción formativa.

❑   Orientaciones para el estudio.

❑   Guía del aula virtual: contenidos, actividades, tutoría, herramientas.

❑   Metodología.

❑   Equipo docente.

❑   Seguimiento y evaluación.

❑   Requisitos técnicos.

A continuación, vamos a verlos detenidamente:

• Índice

El índice es una herramienta de consulta. En el índice se establece la relación de los contenidos de la guía y ayuda a quien lo ve a dirigirse a la parte específica que le interesa.

• Presentación general

1. La presentación de la guía es una introducción a la misma en la que se suele hacer una referencia a la formación online, su importancia actual y las posibilidades que ofrece, ya que es la modalidad a la que está destinada esta guía. Veamos un ejemplo de referencia a la formación online:

Ejemplo:

"Las nuevas tecnologías suponen un nuevo paso para la formación y facilitan que se puedan adquirir conocimientos y capacidades online. Es por eso, que este curso aprovecha herramientas digitales para aumentar tus conocimientos.

La formación online permite el intercambio y la construcción del conocimiento, adaptándose a las necesidades de cada persona. Parte de un campus virtual al que llega el alumno para adquirir conocimientos a través de vídeos, textos y audios y que puede hacer uso de herramientas colaborativas como el chat, los foros o la mensajería correspondiente con su tutor.

Estas herramientas incrementan el atractivo del aprendizaje y facilitan la atención, por lo que la formación online se está convirtiendo en la formación preferida para el aprendizaje".

2. Posteriormente, se comentan las características fundamentales de la formación online como son que no se requiere de desplazamiento, pero sí se requiere de autonomía y voluntad por parte del alumno. Veamos un ejemplo de referencia a las características de la formación online:

Ejemplo:

"La enseñanza online no requiere de desplazarse a un centro de estudios, ya que se accede al campus formativo por vía online. Se puede realizar desde casa y desde diferentes dispositivos. Pero requiere de un elemento clave: tu compromiso. Serás tú quien fije tus horarios, tus metas, tu camino a lo largo de la formación. Contarás con el apoyo del servicio de tutoría para que te oriente a lo largo del curso y te resuelva las dudas académicas que surjan, pero eres tú quien pone el ritmo, lo que significa autonomía y responsabilidad por tu parte".

3. Y, finalmente, se hace una referencia al material que se presenta. Veamos un ejemplo:

Ejemplo:

"El material que verás en el campus ha sido diseñado por profesionales en ejercicio, con una dilatada experiencia y bajo criterios docentes centrados en el aprendizaje".

4. Por último, se añade una coletilla de ánimo al estudiante. Veamos un ejemplo:

Ejemplo:

"Así que aprovecha el tiempo, estudia cada día y saca el curso adelante. La dedicación y la constancia son garantía de éxito".

• Identificación de la acción formativa

Se identifica el nombre de la acción formativa y en caso de ser un certificado de profesionalidad, se suelen incluir las capacidades y los criterios de evaluación.

Veamos un ejemplo:

1. Certificado de profesionalidad:

   SSCE0110 de Habilitación para la docencia en grados A, B y C del sistema de formación profesional.

2. Módulo formativo:

   MF1444_3: Impartición y tutorización de acciones formativas para el empleo.

3.   Unidad Formativa:

UF1646: Tutorización de acciones formativas para el empleo.

4.   Capacidades y criterios de evaluación:

◆   C1: Proporcionar habilidades y estrategias personalizadas de mejora al alumnado para favorecer su aprendizaje, en formación presencial y en línea, supervisando su desarrollo.

◊   CE1.1 Identificar las formas de aprendizaje más frecuentes para la adquisición de competencias profesionales.

◊   CE1.2 Seleccionar estrategias de aprendizaje individualizadas que faciliten a cada alumno la adquisición de competencias profesionales.

◊   CE1.3 Describir la figura y funciones del formador–tutor según la modalidad formativa.

◊   CE1.4 Identificar cauces de información y comunicación con el alumnado para el desarrollo de la acción tutorial.

◊   CE1.5 Desarrollar acciones tutoriales, consensuando la frecuencia e intercambio de valoraciones sobre el desarrollo del aprendizaje del alumnado.

◊   CE1.6 En un supuesto práctico de supervisión del proceso de aprendizaje de una acción formativa, elaborar un cronograma de actividades de aprendizaje y tutorías adaptado a las necesidades que se exponen, favoreciendo la autonomía y responsabilidad del alumnado.

◊   CE1.7 En un supuesto práctico que pretende elaborar procedimientos para reconducir el aprendizaje del alumnado hacia los objetivos propuestos a través del seguimiento sistemático de las actividades de aprendizaje programadas:

✦   Promover actividades de aprendizaje que aseguren la autonomía en la toma de decisiones para desarrollar las capacidades individuales.

✦   Establecer cauces para informar periódicamente al alumnado sobre su progreso en la acción formativa, con el objeto de reforzar o reconducir su aprendizaje.

◆   C2: Proporcionar estrategias y habilidades para favorecer el aprendizaje en la formación en línea supervisando su desarrollo.

◊   CE2.1 Utilizar herramientas para la comunicación virtual.

◊ CE2.2 Realizar tareas y actividades específicas para la formación en línea, asumiendo las responsabilidades administrativas.

◊ CE2.3 Elaborar el plan tutorial de la formación en línea para distintos tipos de acciones formativas.

• Orientaciones para el estudio

Muchas guías establecen una serie de consejos para el aprovechamiento del curso, indicando que, aunque los contenidos son asequibles, siempre hay a disposición del alumno un equipo de tutores que le ayudarán con el uso de la plataforma y con las dudas sobre los contenidos, para explicarle o detallarle determinados conceptos o procesos.

La segunda orientación es de cara al tiempo de estudio, ya que la formación online requiere tiempo. La diferencia con la presencial es que no se requiere estar en el mismo sitio, pero aprender es una cuestión de tiempo. Planificarse y trabajar todos los días son dos de las recomendaciones más habituales.

La tercera orientación es sobre el propio proceso de aprendizaje, animando al alumno a que ponga en práctica lo que va aprendiendo, porque es la forma de demostrarse a sí mismo que lo comprende.

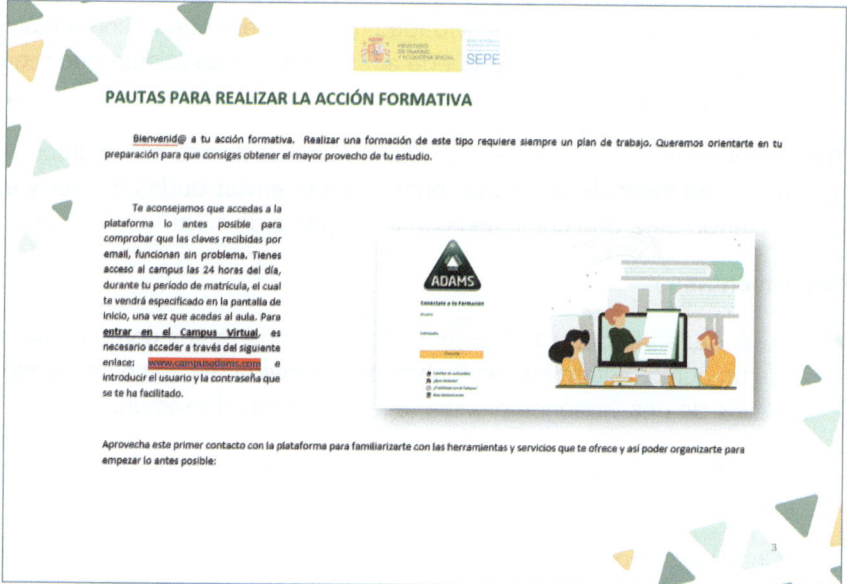

• Guía del aula virtual: contenidos, actividades, tutoría, herramientas

Se describen los diferentes apartados del aula virtual. Normalmente, estos son los apartados que se tratan:

1. **Contenidos:**

   ♦ Temario: presenta el desarrollo de las distintas unidades didácticas.

   ♦ Glosario: presenta las palabras clave del temario.

   ♦ Biblioteca: conjunto de recursos a los que puede acceder el alumno por vía de descarga: guías didácticas, temarios, esquemas, etc.

   ♦ FAQ's: relación de preguntas más frecuentes.

2. **Actividades:**

   ♦ Actividades de autoevaluación: suelen ser actividades que corrige la plataforma por sí misma como los test de conocimiento.

      ◊ Actividades de evaluación previa al inicio de un tema.

      ◊ Actividades de evaluación final al finalizar cada tema.

   ♦ Ejercicios de evaluación por un tutor: se presentan actividades a realizar para que sean corregidas por el tutor del curso.

3. **Expediente o registro de seguimiento de las actividades:** tanto las actividades de autoevaluación, como las actividades que requieren de la corrección por parte de un tutor son evaluables y se puede acceder a un expediente que registre la valoración de cada actividad.

4. **Tutoría:** el apartado de tutorías permite la relación directa con el tutor a través de un servicio de mensajería. Los alumnos pueden enviar dudas al tutor y este las va respondiendo para que continúen con el progreso de su proceso de aprendizaje.

5. **Herramientas:**

   ♦ Agenda: en la que se establecen fechas importantes como el inicio y el final de un curso, determinadas fechas para actividades como una clase en vivo a través de una videoconferencia, o fechas para un examen.

   ♦ Tablón de anuncios: en el que se incluyen noticias académicas sobre el curso o sobre la materia.

   ♦ Chat: herramienta de comunicación sincrónica entre las personas que realizan el curso, aunque también se puede utilizar por el tutor para hacer actividades.

   ♦ Foro: herramienta de comunicación asincrónica entre las personas que realizan el curso, aunque también se puede utilizar por el tutor para hacer actividades y que los alumnos compartan sus trabajos.

♦ Videoconferencia: ya sea de forma integrada en la plataforma o a través de un programa externo, la videoconferencia permite la relación directa con el tutor. Se utilizan para hacer clases en vivo.

♦ Blog: algunas plataformas ofrecen la posibilidad de que los alumnos tengan su propio blog para darse a conocer y hacer comentarios personales sobre los temas tratados en el curso.

♦ Correo: para relacionarse con los administradores o con otro personal diferente al tutor.

♦ Información: apartado de información general de la plataforma.

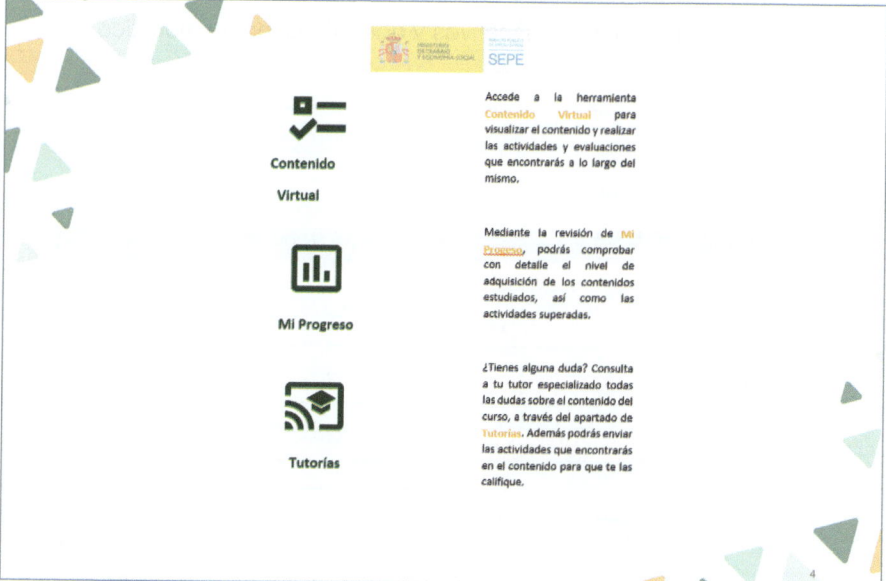

• Metodología

La esencia de la metodología online es que se caracteriza por la ausencia de barreras de espacio y por un proceso de aprendizaje individualizado con la interacción con un tutor académico. En una guía del curso se hace referencia al proceso de enseñanza-aprendizaje a través de la plataforma, lo que requiere determinadas acciones por parte de los alumnos:

❑ Visualización de todos los contenidos de la plataforma.

❑ Comunicación frecuente con el tutor para resolver dudas.

❏ Participación en foros y chat para comunicarse con sus compañeros y contrastar ideas y el conocimiento adquirido.

❏ Realización de las actividades de autoevaluación y de corrección por parte del tutor.

Se pueden incluir principios de la metodología docente en formación online:

❏ El alumno es protagonista del autoaprendizaje.

❏ Orientación de la formación hacia la capacitación y el desempeño profesional.

❏ Combinación de teoría y de práctica en la exposición de los contenidos.

❏ El tutor guía la acción formativa y resuelve dudas académicas.

❏ Impulso de aprendizajes significativos y operativos, no memorístico.

MINISTERIO DE TRABAJO Y ECONOMÍA SOCIAL   SEPE

PLANIFICACIÓN DIDÁCTICA

UNIDAD	HORAS	ORIENTACIÓN PARA EL ESTUDIO	FECHAS IMPARTICIÓN
1. La figura del Teleorientador	9	1-2 horas	Semana 1
Sesión de aula virtual 1			
2. La tutoría online.	14	1-2 horas	Semanas 2 y 3
Sesión de aula virtual 2			
3. Herramientas TIC para orientadores.	16	1-2 horas	Semanas 3 y 4
Sesión de aula virtual 3			
4. Creación de páginas web.	6	1-2 horas	Semana 4
Sesión de aula virtual 4			
5. Edición de materiales multimedia: imágenes y vídeo.	5	1-2 horas	Semana 5
Sesión de aula virtual 5			

11

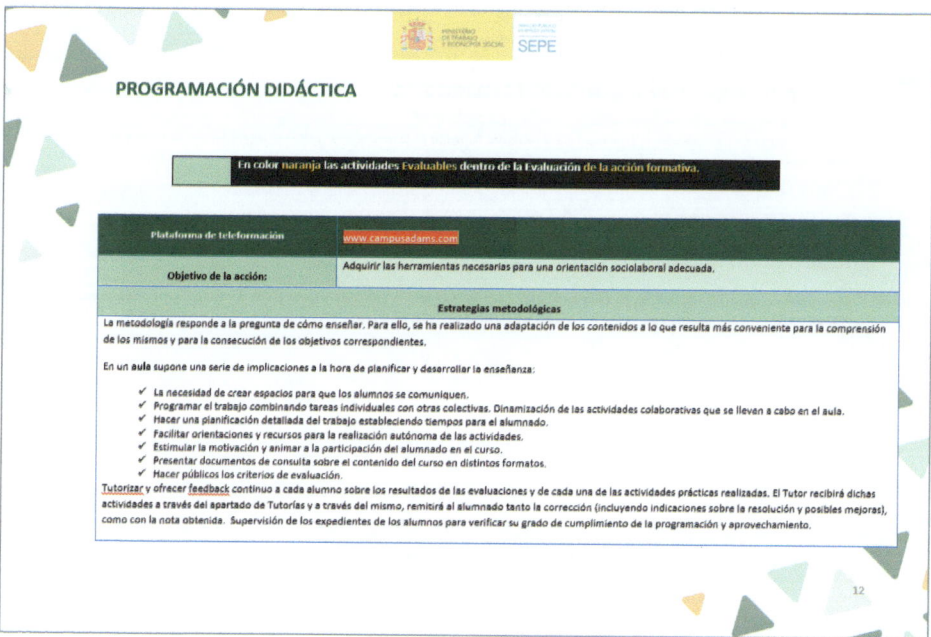

• Equipo docente

Para facilitar la acción formativa, existen varios roles entre el equipo docente:

1. **Administrador de la plataforma.** Normalmente se corresponde con la entidad que organiza el curso y es a quien corresponde por el buen funcionamiento de la misma y de sus herramientas.

2. **Tutor técnico.** Es la persona encargada de ponerse en contacto con los alumnos para que puedan acceder a la plataforma a través de un sistema de registro de usuarios y contraseñas. Posteriormente, se encarga de resolver dudas técnicas del uso de la plataforma como el acceso a la documentación, al foro, al chat o a una videoconferencia. Incluso para resolver dudas cuando determinadas actividades no quedan registradas como hechas en la plataforma. A veces, los sistemas operativos, las plataformas de Internet o la resolución de la pantalla son motivo de problemas en la visualización de los contenidos o en la realización de actividades.

3. **Tutor académico.** Es la persona que debe ayudar al aprendizaje y resolver las dudas sobre los contenidos presentes en el curso. El aprendizaje es autónomo, pero el tutor sirve de guía y de consulta para los alumnos.

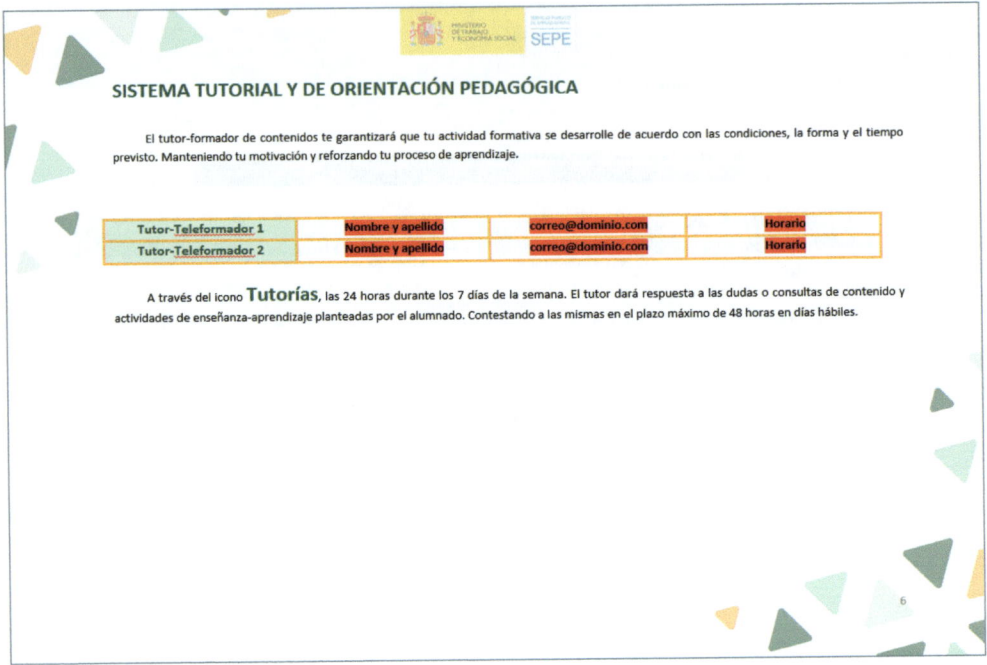

- ## Seguimiento y evaluación

La evaluación de los alumnos puede presentar dos tipos de pruebas:

1. **Pruebas internas de la plataforma.** Coinciden con las actividades evaluadas a lo largo de la plataforma, ya sean corregidas de forma automática por la plataforma o a través de un tutor. Son pruebas que validan que un determinado alumno ha seguido todo el proceso.

2. **Pruebas externas.** Son pruebas necesarias para una certificación, por ejemplo. Una vez finalizada la formación online, se establece una fecha para un examen sobre los contenidos del curso.

Además de las pruebas de evaluación, se suelen presentar en la guía los requisitos para validar el proceso de aprendizaje como suele ser el visionado del 100% de las pantallas del curso, un tiempo requerido de conexión y la realización de todas las actividades.

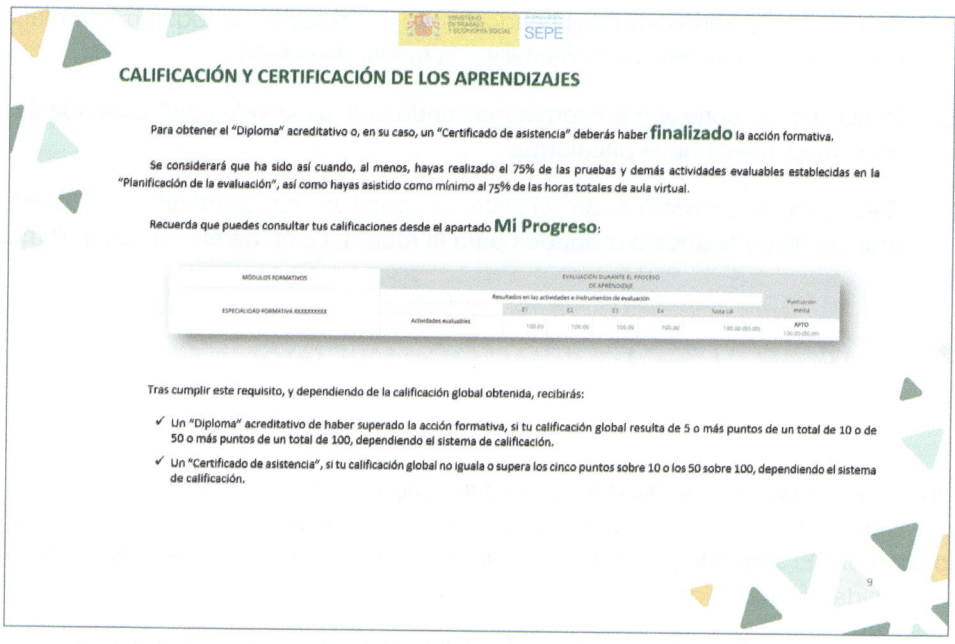

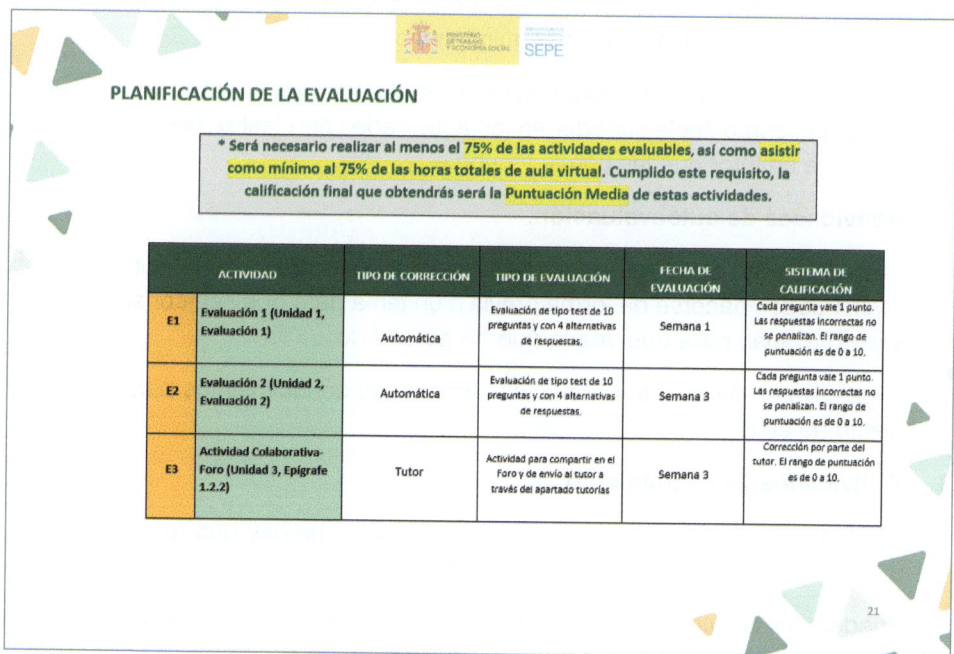

• Requisitos técnicos

El último apartado de la guía del curso suele hacer referencia a los requisitos técnicos para la realización del curso online:

1. Requisitos de hardware relacionado con el procesador del equipo informático, la memoria, la resolución de la pantalla o la tarjeta de sonido.

2. Requisitos de conexión a Internet indicando cuál es la velocidad deseada para un buen rendimiento de la plataforma.

3. Requisitos de software sobre el sistema operativo, navegadores de Internet, programas determinados o utilidades para la reproducción de elementos multimedia.

3. Tareas y actividades, su evaluación y registro de calificaciones

La evaluación online se suele realizar en dos periodos. Un primer periodo se corresponde con la evaluación continua, con el proceso de formación, con las actividades que se van realizando día a día. El segundo proceso es una evaluación final de los contenidos aprendidos y de las capacidades adquiridas.

Respecto a las actividades a realizar día a día, estas actividades pueden ser de varios tipos: actividades de autoevaluación, de seguimiento o de evaluación.

Y en cuanto a su corrección pueden ser corregidas de forma automática por una plataforma de formación, como suele suceder en las actividades tipo test o de correspondencia; o pueden requerir de un tutor que las corrija y puntúe.

❑ **Actividades de autoevaluación.**

Las actividades de autoevaluación son actividades para que el alumno conozca su nivel. Pueden hacerse de forma previa a un tema para que sea consciente de lo que sabe o al final, para que vea lo que ha aprendido.

El objetivo es darle una visión al alumno de sus conocimientos para que sea consciente de ellos.

❑ **Actividades de seguimiento.**

Las actividades de seguimiento son actividades que hay que realizar a lo largo de un curso para demostrar que se van adquiriendo los conocimientos necesarios.

Pueden ser actividades de conocimiento como un test o actividades prácticas en las que el alumno tenga que realizar un ejercicio en concreto.

❑ **Actividades de evaluación.**

Las actividades de evaluación tienen el fin de medir de forma continua el progreso de un alumno. Son actividades que, en el caso de los certificados de profesionalidad, están relacionadas con los criterios de evaluación y sirven para validar los conocimientos adquiridos.

Estas actividades son las que necesitan un registro de calificaciones porque la nota obtenida es válida para la puntuación final del alumno.

❑ **Expediente.**

El expediente es la herramienta que recoge el progreso de los alumnos y las calificaciones obtenidas. Define el tiempo de permanencia en la plataforma, los ejercicios realizados, las notas obtenidas y las calificaciones de los ejercicios de evaluación.

El expediente sirve de guía para saber el nivel de aprovechamiento del curso. No solo al final, sino a lo largo del mismo, ya que es la herramienta clave para saber si los alumnos están teniendo el ritmo adecuado y los conocimientos previstos.

4. Responsabilidades administrativas del tutor

Cuando somos tutores online en un certificado de profesionalidad, organizado por una entidad homologada, existen ciertas tareas administrativas que tenemos que asumir:

❑ Mantener el contacto con la jefatura de estudios (como veremos en el último epígrafe de esta unidad) y el equipo docente de la acción formativa correspondiente.

❑ Registro de incidencias por parte de los alumnos. Es posible que, mediante tutoría, los alumnos indiquen problemas que están teniendo con la plataforma o con el contenido. Estas incidencias deben de ser recogidas y comentadas con las personas responsables de la formación.

❑ Registro de participación de los alumnos en las actividades. Indicando cuáles hacen y cuáles no. Incluso se puede completar indicando cuáles hacen mal y si las corrigen.

❑ Elaboración de informes de participación y evaluación de los alumnos.

❑ Evaluar el contenido y los materiales educativos para validar su idoneidad con el curso online.

Si, además, somos nosotros quienes queremos organizar un curso online y ser tutores del mismo, existen otra serie de actividades administrativas que tendremos que realizar como son:

❑ Elección de una plataforma de formación.

❑ Alta de alumnos en la plataforma.

❑ Adjuntar material educativo en la plataforma.

❑ Validar el uso de herramientas de la plataforma.

5. Elaboración de videotutoriales con herramientas de diseño sencillas

Uno de los materiales que debemos de saber realizar como tutores online son los video-tutoriales, es decir, transmitir el conocimiento de forma audiovisual a través de explicaciones o demostraciones de conceptos, procesos o actitudes de forma clara y efectiva.

Lo **primero** es establecer el objetivo de lo que vamos a explicar. ¿Cuál es el tema que vamos a tratar? ¿Qué queremos conseguir? ¿Qué queremos que aprendan nuestros alumnos? ¿Qué valor aportamos con nuestro videotutorial?

Lo **segundo** es planificar cómo lo vamos a explicar y hay tres formas básicas:

1. Grabarnos a nosotros mismos haciendo una explicación.

2. Grabando una simulación de un proceso como el funcionamiento de una máquina.

3. Grabando la pantalla del ordenador *(screencast)* para que se vea una presentación o cómo se usa un programa informático.

A este respecto, debemos tener en cuenta que los videotutoriales largos cansan y no suelen ser efectivos, por lo que la duración se estima entre 4 y 10 minutos.

La estructura de un videotutorial debe tener:

❏ Introducción al videotutorial en el que explicamos el objetivo del mismo: hay que indicar qué vamos a explicar, cómo lo vamos a explicar y para qué lo vamos a ex-plicar. Si somos expertos en la realización de videotutoriales es cuando podemos buscar otras formas de empezar.

❏ Una explicación clara y concisa. Menos, es más. Lo que se puede decir en pocas palabras y en pocas imágenes impacta más que si utilizamos muchas.

❏ Organizar el contenido en bloques siempre ayuda a que se entienda mejor.

❏ Cerrar el vídeo con una conclusión y una despedida.

Lo **tercero** es elegir la herramienta correcta, sobre todo, que tenga unos estándares de calidad de vídeo y audio aceptables para su visualización.

Partiremos de que hemos decidido el objetivo de explicación y cómo lo vamos a explicar y nos centraremos en este apartado, en las herramientas.

Cada vez existen más y mejores herramientas para la grabación de videotutoriales, así como plataformas para visualizarlos, ya sea una web o un canal de YouTube o Vimeo.

Programas de diseño de videotutoriales:

❑ **Camtasia.**

Es un software de edición de vídeo que es fácil de usar y con una interfaz muy intuitiva.

❑ **ScrennPal.**

Esta aplicación permite a los usuarios grabar pantallas de dispositivos móviles para crear vídeos.

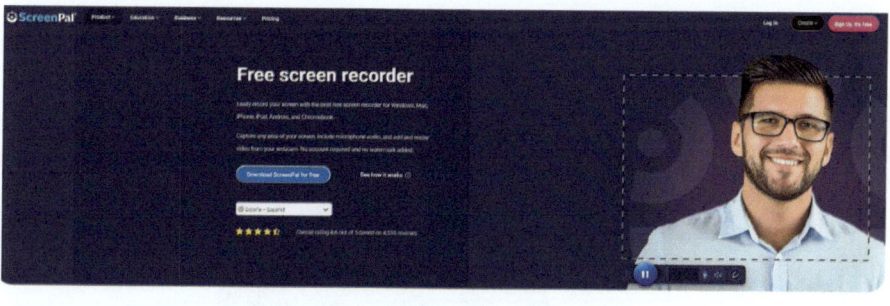

❑ **Adobe Captivate.**

Es una herramienta para crear todo tipo de contenido de aprendizaje online interactivo.

❑   **TechSmith Capture.**

Es un software que te ayuda a capturar, crear y compartir contenido visual.

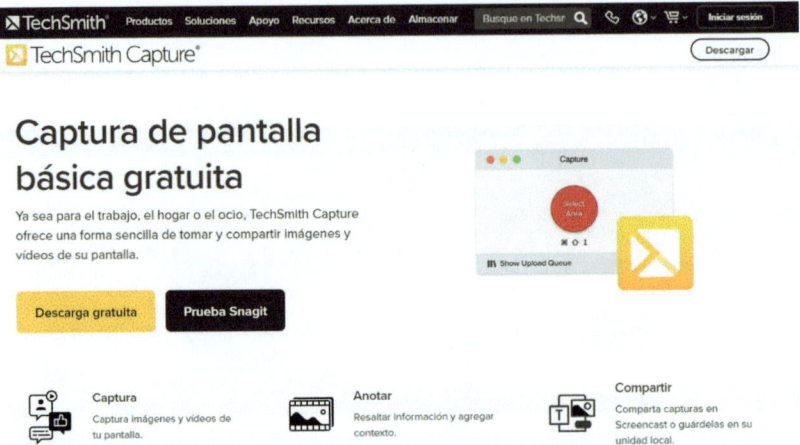

❑   **CamStudio.**

Es un capturador de pantalla que te permitirá grabar cualquier elemento que aparezca o se reproduzca en tu ordenador.

Software gratuito de grabación de vídeo en streaming para escritorio

Descargar CamStudio - Grabador de pantalla de escritorio

❑ **Debut Video Capture.**

Es un programa de captura de vídeo y *screencast* desarrollado por NCH Software. Graba la pantalla completa, una sola ventana o cualquier porción seleccionada.

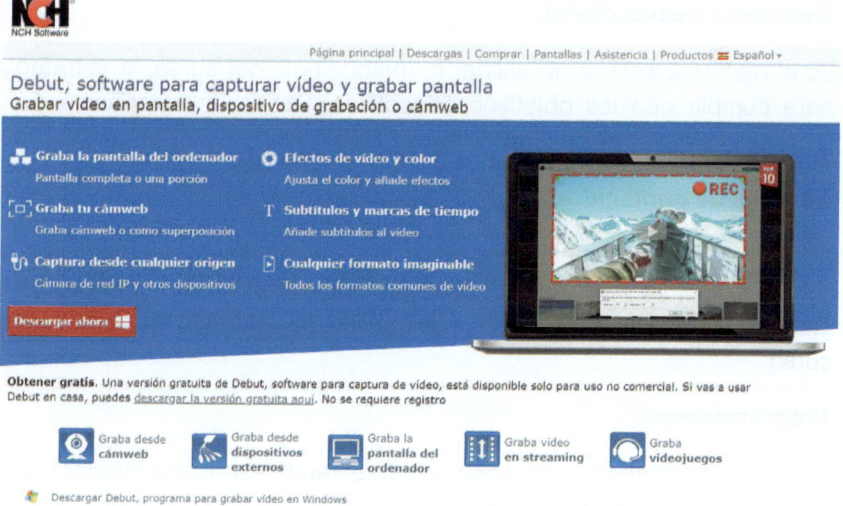

6. Criterios de coordinación con tutores y jefatura de estudios

6.1. Los profesionales que hacen posible un curso e-learning

Es importante diferenciar entre profesionales que se dedican a la creación de cursos de e-learning y los profesionales que los implementan.

Por un lado, desarrollar un curso de e-learning requiere de la participación de varios profesionales:

❑ **Responsable de formación *(elearning manager).***

Lidera el proyecto y es el responsable del curso, por lo que tiene que controlar el diseño, la planificación y el desarrollo del proyecto, definir los indicadores de calidad, organizar el equipo y las tareas, supervisar el desarrollo del proyecto y gestionar el presupuesto.

Como responsable debe llevar el control de calidad de la plataforma respecto a sus funcionalidades técnicas y la experiencia de usuario, así como validar que sirve en diferentes dispositivos y navegadores. Esta función puede externalizarse o delegar en un perfil técnico de calidad o tester de la plataforma.

❑ **Diseñador instruccional.**

Es el perfil encargado de validar la metodología del curso, la estrategia didáctica para cumplir con los objetivos educativos. Define la experiencia del estudiante durante el curso y el sistema de evaluación.

❑ **Editores de contenidos.**

Son profesionales especializados en la creación de contenidos para plataformas de formación, ya sean audiovisuales, contenidos SCORM o pruebas de evaluación. Tienen que definir la cantidad y la calidad de información para el desarrollo del curso.

❑ **Programadores.**

Los programadores son quienes implementan la estructura informática de la plataforma y llevan a cabo el mantenimiento de la misma, si bien es cierto, que existen plataformas que no requieren del conocimiento de programación y se puede trabajar con ellas con conocimientos digitales básicos.

❑ **Diseñadores gráficos.**

Son los encargados de definir la línea gráfica que va a seguir la plataforma, desde la interfaz del usuario a los servicios y herramientas que contenga. En cuanto a los cursos, marcan el estilo de los contenidos y aportan recursos gráficos y multimedia.

Y por otro, la impartición y seguimiento de un curso de e-learning requiere de otros profesionales.

❑ **Administrador de la plataforma.**

Una vez que la plataforma está en funcionamiento, los cursos requieren del soporte de un administrador de la plataforma, una persona encargada de la parte administrativa de abrir y cerrar cursos, de dar altas y bajas de docentes y de estudiantes, así como de abrir o cerrar los recursos que se van a utilizar.

❑ **Docente/tutor/dinamizador.**

En cada curso, se requiere de un perfil profesional que lo dinamice y atienda a los estudiantes. Es una figura central porque es la persona que tiene una relación más directa con los estudiantes y, por tanto, puede detectar posibles errores en la plataforma o en los cursos.

Su función es la de dinamizar el curso a través de acciones tutoriales y llevar el seguimiento de los alumnos, emitiendo el informe de evaluación según las actividades realizadas.

Es la figura que puede garantizar el aprendizaje significativo por parte de los estudiantes.

La profesión del dinamizador de entornos e-learning la podemos dividir en funciones y competencias. Es decir, indicar las funciones que debe desarrollar el tutor y las competencias formativas que necesita.

6.2. Funciones y actividades a realizar por el tutor-formador

Principalmente, hay dos tipos de funciones que asumimos los tutores. Unas son de orientación y otras académicas:

Funciones de orientación:

- ❑ Presentación de la acción formativa.

- ❑ Presentación de la agenda de la acción formativa.

- ❑ Resolución de dudas respecto al uso de la plataforma.

- ❑ Dinamización del grupo de aprendizaje: fomentar la participación y generar estímulos para la motivación.

Funciones académicas:

- ❑ Resolución de dudas académicas sobre los contenidos de la acción formativa.

- ❑ Presentación de contenidos, material complementario o refuerzo.

- ❑ Evaluación del aprendizaje.

6.3. Competencias del tutor-formador

El tutor debe tener competencia en tres ámbitos: técnico, social y digital.

Competencia técnica

Es la capacidad técnica del tutor, que debe dominar tanto los contenidos de la acción formativa como la metodología docente para adaptarse al aprendizaje de los alumnos.

❏ Competencia técnica profesional. El tutor tiene que ser experto en la materia a impartir para poder resolver dudas y realizar explicaciones y actividades con los alumnos.

❏ Competencia técnica didáctica (metodología docente):

◆ Programación: el tutor debe saber programar acciones formativas y dar cumplimiento a su implementación.

◆ Elaboración de materiales: el tutor debe saber elaborar materiales online que sirvan de guía y apoyo a los alumnos.

◆ Tutorización: el tutor debe tener conocimiento de las técnicas de tutorización necesarias para guiar y motivar a los alumnos.

◆ Evaluación: el tutor debe saber evaluar con objetividad actividades y pruebas de evaluación que se realicen durante el curso.

Competencia social

Para poder relacionarse de forma correcta con los alumnos y servirles de apoyo en su proceso de aprendizaje:

❏ Empatía: es necesario ponerse en el lugar de los alumnos para atenderles y, sobre todo, para entenderles.

❏ Escucha/lectura activa: muchas veces la comunicación con ellos es por escrito y debemos saber interpretar correctamente lo que nos dicen o pedirles alguna aclaración. Lo peor para un tutor es interpretar mal un mensaje de un alumno y no darle una respuesta correcta.

❏ Liderazgo paciente: hay que adaptarse a los ritmos de aprendizaje de los alumnos y hacerles sentir en progreso. Llevarlos al objetivo teniendo en cuenta las circunstancias y el contexto de cada alumno.

Competencia digital

El tutor debe tener dominio sobre la tecnología utilizada, tanto de la plataforma, como del uso de herramientas digitales y la creación de contenidos online.

❏ Uso de la plataforma: para poder trabajar en ella y resolver las dudas de los participantes.

❏ Uso de herramientas digitales: para poder hacer uso de ellas y resolver dudas de los participantes.

❑ Creación de contenidos: para poder crear material complementario de apoyo a los participantes en la acción formativa.

COMPETENCIA TÉCNICA		COMPETENCIA SOCIAL	COMPETENCIA DIGITAL
Profesional.	Didáctica.		
Dominio de la materia.	Programación. Elaboración de material. Tutorización. Evaluación.	Empatía. Escucha activa. Liderazgo paciente.	Plataforma. Herramientas. Contenidos digitales.

En resumen:

El papel del tutor como dinamizador de entornos virtuales de aprendizaje se concreta en:

❑ Seguimiento del plan de acción tutorial. De acuerdo al Plan de Acción Tutorial se desarrollarán todas aquellas acciones tutoriales que se hayan considerado en él, tales como mensajes a los alumnos, llamadas por teléfono, videoconferencias y seguimiento de la evolución de los alumnos.

❑ Realización de tutorías. Tanto individuales como de grupo y de carácter académico y/o de orientación. Tendrían carácter de orientación la presentación de la acción formativa, la presentación de la agenda de la acción formativa, la resolución de dudas respecto al uso de la plataforma y fomentar la participación y generar estímulos para la motivación. Tendrían carácter académico la resolución de dudas académicas sobre los contenidos de la acción formativa, la presentación de contenidos, material complementario o refuerzo y la evaluación del aprendizaje.

6.4. Seguimiento y evaluación

Los tutores deben registrar el seguimiento de los alumnos. Si bien es cierto que la plataforma registra de forma automática los accesos de los alumnos y las evaluaciones autocorregidas, es necesario que el tutor rellene algunos campos de observaciones o, incluso, de notas de determinados ejercicios que tenga que registrar en la plataforma.

El seguimiento es crucial para detectar aquellos estudiantes que llevan un desarrollo correcto de la formación y aquellos que están teniendo dificultades.

Los tutores se encuentran acompañados de otras figuras profesionales para llevar adelante el Plan de Acción Tutorial.

Una de las figuras más representativas es la de la jefatura de estudios. Son competencia de la jefatura de estudios de una organización:

1. Ejercer, por delegación de la dirección de la organización, la jefatura del personal docente en todo lo relativo al régimen académico.

2. Coordinar las actividades de carácter académico, de orientación y complementarias de profesores y alumnos, en relación con el proyecto educativo y la programación general anual y, además, velar por su ejecución.

3. Elaborar, en colaboración con los restantes miembros del equipo directivo, los horarios académicos de alumnos y profesores.

4. Coordinar y dirigir la acción de los tutores de acuerdo con el plan de acción tutorial.

5. Fomentar la participación de los distintos sectores de la comunidad escolar, especialmente en lo que se refiere al alumnado, facilitando y orientando su organización, y apoyando el trabajo de la junta de delegados.

6. Participar en la elaboración de la propuesta de proyecto educativo y de la programación general anual, junto con el resto del equipo directivo.

7. Favorecer la convivencia en la organización y garantizar el procedimiento para imponer las correcciones que correspondan, de acuerdo con las disposiciones vigentes, lo establecido en el reglamento de régimen interior y los criterios fijados por el consejo escolar.

Por tanto, los tutores debemos de tener una comunicación fluida con la jefatura de estudios para estar bien coordinados.

Esta comunicación puede ser:

a) Formal: mediante reuniones programadas o entrevistas, ya sean físicas o vía teléfono o videoconferencia.

b) Informal: mediante el contacto continuo con la jefatura de estudios.

La fluidez en la comunicación permite avanzar con el curso con normalidad y anticiparse a problemas que puedan surgir tanto en el grupo como en la plataforma de formación.

Resumen

En esta unidad hemos recordado las características de las personas adultas en formación online.

La primera diferencia respecto a la formación presencial es que en la formación online debemos saber desarrollar una guía del curso.

Lo segundo es saber diferenciar entre actividades de autoevaluación, actividades de seguimiento y actividades de evaluación. Son estas últimas las que tienen que quedar fijadas en un expediente académico para demostrar el desarrollo de las capacidades que perseguimos con la formación.

Las tareas administrativas que vamos a asumir como tutores online se concentran en:

❏ Mantener el contacto con la jefatura de estudios y el equipo docente de la acción formativa correspondiente.

❏ Registro de incidencias por parte de los alumnos.

❏ Registro de participación de los alumnos en las actividades.

❏ Elaboración de informes de participación y evaluación de los alumnos.

❏ Evaluar el contenido y los materiales educativos para validar su idoneidad con el curso online.

Y, por último, un recurso frecuente como tutores en formación online es la elaboración multimedia de videotutoriales, para los que tenemos diferentes aplicaciones que podemos utilizar.

Glosario

❏ **Actividades de autoevaluación:** son actividades para que el alumno conozca su nivel.

❏ **Actividades de evaluación:** tienen el fin de medir de forma continua el progreso de un alumno.

❏ **Actividades de seguimiento:** son actividades que hay que realizar a lo largo de un curso para demostrar que se van adquiriendo los conocimientos necesarios.

❏ **Expediente:** es la herramienta que recoge el progreso de los alumnos y las calificaciones obtenidas.

❏ **Guía del curso:** una guía del curso debería de contemplar los siguientes epígrafes: Índice; Presentación; Identificación de la acción formativa; Orientaciones para el estudio; Guía del aula virtual; Metodología; Equipo docente; Seguimiento y evaluación; Requisitos técnicos.

❏ **Videoconferencia:** es una comunicación audiovisual entre varias personas a través de las nuevas tecnologías.

❏ **Videotutorial:** transmitir el conocimiento de forma audiovisual a través de explicaciones, demostraciones de conceptos, procesos o actitudes de forma clara y efectiva.

Caso Práctico 3. Ejemplo

Solución

Objetivos	Actividades	Medios de información y comunicación
Ayudar al desarrollo integral del alumnado. Contribuir a la individualización del proceso, facilitando una respuesta ajustada a las necesidades de la persona y estableciendo las medidas oportunas de apoyo al proceso de enseñanza-aprendizaje. Favorecer la relación y el conocimiento entre el tutor y el alumnado. Prevenir las dificultades en el aprendizaje, anticipándose a ellas y evitando en lo posible el abandono. Favorecer los procesos de madurez personal, para la toma de decisiones respecto al futuro académico-profesional. Desarrollar actuaciones complementarias y específicamente la competencia de aprender a aprender y la autonomía en la toma de decisiones.	Inicio del curso: cuestionario conocimientos previos. Tutorías individuales semanales. Dinámicas en cada unidad. Cuestionario final para ver la diferencia respecto al inicial.	Teléfono. Correos electrónicos. Noticias académicas.

Autoevaluación de Unidad
Enunciados

- -

1. En los certificados de profesionalidad, ¿dónde se suelen incluir las capacidades y los criterios de evaluación?

a) En el índice.
b) En la presentación general.
c) En la identificación de la acción formativa.
d) En la metodología.

2. ¿Dónde se dan consejos para el aprovechamiento del curso?

a) En la presentación general.
b) En la identificación de la acción formativa.
c) En las orientaciones para el estudio.
d) En la parte de seguimiento y evaluación.

3. ¿Dónde se incluyen noticias académicas sobre el curso o sobre la materia?

a) En la biblioteca.
b) En la agenda.
c) En el tablón de anuncios.
d) En las FAQ.

4. Es la persona encargada de ponerse en contacto con los alumnos para que puedan acceder a la plataforma:

a) El administrador de la plataforma.
b) El tutor técnico.
c) El tutor académico.
d) El tutor orientador.

5. Las actividades que son para que el alumno conozca su nivel se denominan:

a) Actividades de autoevaluación.
b) Actividades de seguimiento.
c) Actividades de evaluación.
d) Actividades de valoración.

6. Las actividades que tienen el fin de medir de forma continua el progreso de un alumno se denominan:

a) Actividades de autoevaluación.
b) Actividades de seguimiento.
c) Actividades de evaluación.
d) Actividades de valoración.

7. La duración ideal de los videotutoriales se estima:

a) En menos de 2 minutos.
b) Entre 2 y 5 minutos.
c) Entre 4 y 10 minutos.
d) En más de 10 minutos.

8. ¿Quién tiene que controlar el diseño, la planificación y el desarrollo del proyecto?

a) El responsable de formación.
b) El dinamizador.
c) El programador.
d) El editor de contenidos.

9. ¿Quiénes son los profesionales especializados en la creación de contenidos para plataformas de formación?

a) Diseñadores instruccionales.
b) Editores de contenidos.
c) Programadores.
d) Diseñadores gráficos.

10. Para relacionarse con los alumnos y servirles de apoyo en su proceso de aprendizaje el tutor requiere de:

a) Saber estar, fuerza de voluntad y liderazgo autoritario.
b) Competencia digital, asertividad y energía.
c) Escucha crítica, comprensión y empatía.
d) Empatía, escucha activa y liderazgo paciente.

Autoevaluación de Unidad
Soluciones

- -

1. *c)* *En la identificación de la acción formativa.*

2. *c)* *En las orientaciones para el estudio.*

3. *c)* *En el tablón de anuncios.*

4. *b)* *El tutor técnico.*

5. *a)* *Actividades de autoevaluación.*

6. *c)* *Actividades de evaluación.*

7. *c)* *Entre 4 y 10 minutos.*

8. *a)* *El responsable de formación.*

9. *b)* *Editores de contenidos.*

10. *d)* *Empatía, escucha activa y liderazgo paciente.*

CONTENIDOS EXTRA

Resumen

La unidad formativa UF1646 Tutorización de acciones formativas para el empleo pertenece al módulo formativo 1444_3 Impartición y tutorización de acciones formativas para el empleo.

Como hemos visto a lo largo de la unidad formativa la tutorización de las acciones formativas engloba muchos aspectos, primero nos hemos detenido en las características, después en el desarrollo de la acción tutorial y, por último, en el desarrollo de la acción tutorial en línea.

Hemos visto las diferentes modalidades de formación y las que se permiten en la formación profesional para el empleo: modalidad presencial, modalidad de teleformación y modalidad mixta. La visión de estas modalidades nos ha permitido entender el avance de la formación online y la importancia del concepto de tutoría como apoyo al proceso de aprendizaje.

Hemos aprendido que existen tanto las tutorías individuales como en grupo y, además, también hemos diferenciado entre tutorías académicas y tutorías de orientación.

Como tutores nos responsabilizaremos de las acciones concretas, es decir, tenemos que saber organizar y planificar acciones tutoriales, teniendo en cuenta temporalización y herramientas.

Además, hemos llegado a la conclusión de que la primera diferencia respecto a la formación presencial es que en la formación online debemos saber desarrollar una guía del curso.

Es importante saber que como tutores online vamos a asumir diferentes tareas administrativas como mantener el contacto con la jefatura de estudios y el equipo docente de la acción formativa correspondiente, el registro de incidencias y participación, la elaboración de informes, etc.

Glosario

ACCIÓN TUTORIAL	Interacción entre el tutor y los alumnos para facilitar el proceso de aprendizaje y orientar al alumnado.
ACTIVIDADES DE AUTOEVALUACIÓN	Son actividades para que el alumno conozca su nivel.
ACTIVIDADES DE EVALUACIÓN	Tienen el fin de medir de forma continua el progreso de un alumno.
ACTIVIDADES DE SEGUIMIENTO	Son actividades que hay que realizar a lo largo de un curso para demostrar que se van adquiriendo los conocimientos necesarios.

CHAT	Es un servicio de mensajería instantánea que permite celebrar una conversación entre personas de forma virtual.
CRONOGRAMA	Es una herramienta que representa en un gráfico un conjunto de actividades en función del tiempo.

ESTILO DE APRENDIZAJE ACOMODADOR (PRAGMÁTICO)	Las habilidades que predominan son la experimentación activa y la experiencia concreta. Tienen la capacidad de aprender de primera mano, prefieren la intuición a una reflexión lógica, ganan confianza al ver un ejemplo o una demostración.
ESTILO DE APRENDIZAJE ASIMILADOR (REFLEXIVO)	Las habilidades dominantes son la conceptualización abstracta y la observación reflexiva. Se centran en las ideas y en los conceptos, pero de forma teórica y reflexiva. Prefieren leer, investigar, buscar información, explorar y dan un alto valor a la importancia teórica.

ESTILO DE APRENDIZAJE CONVERGENTE (TEÓRICO)	Las habilidades dominantes de este estilo son la conceptualización abstracta y la experimentación activa, es decir, que tienen la habilidad de resolver los problemas basándose en la teoría. Parten de la teoría y de las ideas y les buscan una aplicación práctica.
ESTILO DE APRENDIZAJE DIVERGENTE (ACTIVO)	Sus habilidades principales son la experiencia concreta y la observación reflexiva. Parten de la información de situaciones concretas y reflexionan sobre ellas. Generan ideas y tienen una visión amplia sobre lo que hacen.
ESTILOS DE TUTORÍA	Pueden ser individuales y de grupo.
EXPEDIENTE	Es la herramienta que recoge el progreso de los alumnos y las calificaciones obtenidas.

FAQ	Son las preguntas frecuentes. En las plataformas de formación aparece un espacio destinado a las preguntas frecuentes que formulan los alumnos y una misión como tutores es mantener este espacio actualizado.
FASE DE ADJOURNING	Todo grupo llega a una fase final que es la de clausura y disolución del grupo.
FASE DE FORMING	La primera fase por la que pasa el grupo es la de formación. Las personas tratan de ser aceptadas y conocer al resto de integrantes del grupo, por lo que ofrecen normalmente su mejor cara y tienden a evitar conflictos. Se caracteriza por la incertidumbre del curso, de los compañeros, de su papel en el grupo y surgen las primeras relaciones.
FASE DE NORMING	Detectada la fase de conflicto, se produce la siguiente fase que es la de establecer normas de grupo. Una vez que se ha llegado a una solución, esa solución se queda anclada en el grupo como forma de resolver los conflictos. Ahora es una "norma" para el grupo y se vuelve normal, se acepta.
FASE DE PERFOMING	Aceptadas las normas del grupo se llega a la fase de desempeño. Los miembros se conocen y son capaces de gestionar sus relaciones, incluso el grupo empieza a desarrollar más autonomía y requiere de un liderazgo moderado.

FASE DE STORMING	Cuando aumenta la relación del grupo y la confianza, es cuando surgen las primeras disputas. Se hacen evidentes las diferencias entre personas, sus opiniones, sus creencias, su forma de organizarse, etc.
FICHA DE PLAN DE ACCIÓN TUTORIAL INDIVIDUAL	Registro de las acciones tutoriales a nivel individual en las que vayamos reflejando las sesiones, fecha, temas abordados, actividades pactadas para la mejora del aprendizaje y observaciones.
FORMACIÓN DE TELEFORMACIÓN O ELEARNING	Se considerará modalidad de teleformación cuando la parte presencial que la acción formativa precise sea igual o inferior al 20 por ciento de su duración total.
FORMACIÓN MIXTA	Se entiende por modalidad mixta la que combine para la impartición de una misma acción formativa las modalidades presencial y de teleformación.
FORMACIÓN PRESENCIAL	Es la que se imparte con presencia física de alumnado y profesor mediante interrelación directa.
FORO	Es un sistema que permite abrir temas o también llamados "hilos de conversación".

GUÍA DEL CURSO:	Una guía del curso debería de contemplar los siguientes epígrafes índice; presentación; identificación de la acción formativa; orientaciones para el estudio; guía del aula virtual; metodología; equipo docente; seguimiento y evaluación; requisitos técnicos.

PLAN DE ACCIÓN TUTORIAL (PAT)	Engloba el conjunto de acciones de tutorización para favorecer la integración de los alumnos.
PLAN DE ACTUACIÓN INDIVIDUALIZADO	Durante el proceso de formación se pueden detectar necesidades de aprendizaje o situaciones en grupo que requieran de una intervención como tutores. Por tanto, junto a la programación temporal de acciones de tutoría debemos de tener presente que podemos realizar acciones individualizadas o para el grupo.
PRINCIPIO DE LA CONSECUENCIA	Cuando la consecuencia de nuestra acción es una experiencia positiva, tendemos a repetirla.

PRINCIPIO DE LA NOVEDAD	Aquello que presenta un reto nuevo, pero asumible, genera también una motivación especial para ser superado.
PRINCIPIO DE LA PREDISPOSICIÓN	La predisposición a la acción (actitud) es un factor clave en el proceso de motivación, por lo que no es lo mismo tener una actitud pasiva o de rechazo que tener una actitud proactiva.
PRINCIPIO DE LA REPETICIÓN	Tendemos a repetir aquello que nos ha gustado y que dominamos y, además, esa repetición genera un estímulo más potente al reforzarlo porque estamos validando nuevamente que se trata de un estímulo motivacional.
PRINCIPIO DE LA VIVENCIA	Todo lo que vivimos lo asumimos como una experiencia, es decir, como un conjunto de emociones que sentimos a lo largo de una actividad o proceso.

TUTORÍA ACADÉMICA	Está centrada en los contenidos a desarrollar en el certificado de profesionalidad y la metodología docente.
TUTORÍA DE ORIENTACIÓN	Las tutorías de orientación no se centran en la materia, en los contenidos, sino que se centran en otras partes del proceso de enseñanza aprendizaje como es valorar la situación actual del alumno o resolver problemas administrativos o con las herramientas de una plataforma de formación online.

VIDEOCONFERENCIA	Es una comunicación audiovisual entre varias personas a través de las nuevas tecnologías.
VIDEOTUTORIAL	Transmitir el conocimiento de forma audiovisual a través de explicaciones, demostraciones de conceptos, procesos o actitudes de forma clara y efectiva.

Autoevaluación Final
Enunciados

- -

1. La formación profesional para el empleo en el ámbito laboral podrá impartirse en modalidad:

a) Solo presencial.
b) Presencial y a distancia.
c) Presencial, a distancia y mixta.
d) Presencial, teleformación y mixta.

2. Durante la fase forming de un equipo:

a) Las personas tratan de ser aceptadas y conocer al resto de integrantes del grupo.
b) Surgen las primeras disputas.
c) Se establecen normas de grupo.
d) Los miembros se conocen y son capaces de gestionar sus relaciones de forma eficiente.

3. Durante la fase storming de un equipo:

a) Las personas tratan de ser aceptadas y conocer al resto de integrantes del grupo.
b) Surgen las primeras disputas.
c) Se establecen normas de grupo.
d) Los miembros se conocen y son capaces de gestionar sus relaciones de forma eficiente.

4. Durante la fase performing de un equipo:

   a) Las personas tratan de ser aceptadas y conocer al resto de integrantes del grupo.
   b) Surgen las primeras disputas.
   c) Se establecen normas de grupo.
   d) Los miembros se conocen y son capaces de gestionar sus relaciones de forma eficiente.

5. Una duda sobre cómo realizar un ejercicio es:

   a) Una tutoría académica.
   b) Una tutoría de orientación.
   c) Una tutoría física.
   d) Una tutoría digital.

6. Una duda sobre el proceso administrativo es:

   a) Una tutoría académica.
   b) Una tutoría de orientación.
   c) Una tutoría física.
   d) Una tutoría digital.

7. En el estilo de aprendizaje convergente:

   a) Las habilidades dominantes son la conceptualización abstracta y la experimentación activa.
   b) Las habilidades que predominan son la experimentación activa y la experiencia concreta.
   c) Sus habilidades principales son la experiencia concreta y la observación reflexiva.
   d) Las habilidades dominantes son la conceptualización abstracta y la observación reflexiva.

8. El estilo acomodador se asocia al:

   a) Estilo teórico.
   b) Estilo pragmático.
   c) Estilo activo.
   d) Estilo reflexivo.

9. Es la persona encargada de ponerse en contacto con los alumnos para que puedan acceder a la plataforma:

a) El administrador de la plataforma.
b) El tutor técnico.
c) El tutor académico.
d) El tutor orientador.

10. ¿Quiénes son los profesionales especializados en la creación de contenidos para plataformas de formación?

a) Diseñadores instruccionales.
b) Editores de contenidos.
c) Programadores.
d) Diseñadores gráficos.

Autoevaluación Final
Soluciones

- -

1. *d)* *Presencial, teleformación y mixta.*

2. *a)* *Las personas tratan de ser aceptadas y conocer al resto de integrantes del grupo.*

3. *b)* *Surgen las primeras disputas.*

4. *d)* *Los miembros se conocen y son capaces de gestionar sus relaciones de forma eficiente.*

5. *a)* *Una tutoría académica.*

6. *b)* *Una tutoría de orientación.*

7. *a)* *Las habilidades dominantes son la conceptualización abstracta y la experimentación activa.*

8. *b)* *Estilo pragmático.*

9. *b)* *El tutor técnico.*

10. *b)* *Editores de contenidos.*

Bibliografía

❑ Antonio Rodríguez Ruibal. "Gestión de la reputación online". Editorial Centro Estudios Financieros. 2015.

❑ Bruce Tuckman. "Developmental sequence in small groups". Psychological Bulletin. 63: 384-399. 1965.

❑ Carmen Costa-Sánchez y Sandra Martínez Costa. "Comunicación corporativa audiovisual y online. Innovación y tendencias". Editorial: UOC. 2018.

❑ Catalina M. Alonso, Domingo J. Gallego y Peter Honey. "Los estilos de aprendizaje". Universidad de Deusto. Ediciones Mensajero. 1995.

❑ Cristina Sánchez López, Sebastián Campillo Frutos, María del Carmen Peral Rodríguez y Jerónimo De San Nicolás Carrillo. "Orientación y acción tutorial. Máster universitario en formación del profesorado". Editorial: Universidad de Murcia. 2016.

❑ David A. Kolb. "Learning Styles and Learning Spaces: Enhancing Experiential Learning in Higher Education. Academy of Management Learning & Education". 4, 2, pp. 193-212. 2005.

❑ David A. Kolb. "Experiential learning: experience as the source of learning and development". Editorial Pearson FT Press. 2014.

❑ David A. Kolb, Richard E. Boyatzis y Charalampos Mainemelis. "Experiential learning theory: previous research and new directions". Sternberg, R.J. y Zhang, L.F. (Eds.). NJ: Lawrence Erlbaum. 2000.

❑ Jorge Expósito López y varios autores. "La acción tutorial en la universidad: aspectos teóricos y estrategias prácticas para su desarrollo". Editorial Comares. 2018.

❑ Malcolm S. Knowles, Richard A. Swanson y Elwood F. Holton. "Andragogía: el aprendizaje de los adultos". Editorial Universidad Iberoamericana. 2002.

❏   Meredith Belbin. "Equipos directivos: el porqué de su éxito o fracaso". Editorial Elsevier Science. 2011

❏   Meredith Belbin. "Roles de equipo en el trabajo". Editorial Elsevier Science. 2013.

❏   Víctor Cavaller, Silvia Sánchez-Añón, Lluís Codina y Rafael Pedraza. "Estrategias y gestión de la comunicación online y offline". Editorial: UOC. 2013.

❏   VV.AA. "Técnicas de trabajo en grupo. Una alternativa en educación". Ediciones Pirámide. 2002.

❏   VV.AA. "Psicología del aprendizaje". Editorial UNED. 2021.